优秀班主任发展与支持系统丛书
主编 齐学红

生命健康教育指导

钱淑云 潘月俊 编著

南京师范大学出版社

图书在版编目(CIP)数据

生命健康教育指导 / 钱淑云,潘月俊编著. -- 南京：南京师范大学出版社,2025.5. --(优秀班主任发展与支持系统丛书 / 齐学红主编). -- ISBN 978-7-5651-6605-1

Ⅰ.G637.9

中国国家版本馆 CIP 数据核字第 2024SC1524 号

丛 书 名	优秀班主任发展与支持系统丛书
丛书主编	齐学红
书 名	生命健康教育指导
作 者	钱淑云 潘月俊
丛书策划	王 涛 尹 引
责任编辑	王 涛
出版发行	南京师范大学出版社
地 址	江苏省南京市玄武区后宰门西村 9 号(邮编:210016)
电 话	(025)83598919(总编办) 83532185(客户服务部) 83375685(区域渠道部)
网 址	http://press.njnu.edu.cn
电子信箱	nspzbb@njnu.edu.cn
排 版	南京私书坊文化传播有限公司
印 刷	南京新世纪联盟印务有限公司
开 本	889 mm×1240 mm 1/32
印 张	7.875
字 数	191 千
版 次	2025 年 5 月第 1 版
印 次	2025 年 5 月第 1 次印刷
书 号	ISBN 978-7-5651-6605-1
定 价	65.00 元

出 版 人 张 鹏

南京师大版图书若有印装问题请与销售商调换

版权所有 侵犯必究

总　序

看见学生，发展学生，成就学生

"优秀班主任发展与支持系统丛书"是我和南京师范大学出版社的编辑团队，面对新时代中国基础教育发展中的新情况、新变化，对于班主任队伍建设提出的新挑战做出的及时回应。南京师范大学教育科学学院拥有国内第一个专门从事班主任研究的学术机构——班主任研究中心，为南京师范大学出版社提供了国内一流的班主任研究团队和丰富的图书出版资源。早在20 世纪 90 年代，双方就合作出版了"21 世纪班主任文库"这一具有史料价值的班主任系列著作。随后又出版了班主任专业化理论建设的系列著作：《发展性班级教育系统》《班主任专业基本功》"班主任专业基本功书系"《班华教授教育文集》等，成为中国班主任研究与出版的高地。

"优秀班主任发展与支持系统丛书"是 2015 年我在国内率先提出的，"构建班主任专业发展的社会支持系统理论"的主动实践，将班主任发展与支持系统的落脚点放在看见学生、发展学生、成就学生这一学生立场上，体现了班主任专业的根本属性和班主任角色的本质内涵。班主任作为儿童生命成长过程中的"重要他人"和精神关怀者，理应成为儿童研究的专家，我们对儿童的关心和了解越深入，越能走进儿童的精神世界，不仅能够从年轻的生命样态中汲取生机活力，更能发挥作为教育者的价值引领作用，这也是教师作为一种职业所独有的意义和价值所在。

这套丛书是践行立德树人的根本任务，也是全员、全过程、全方位育人理念的具体实践。它将教育主体从班主任转向全体教师，从班主任一人负责制到全员导师制，这也是基础教育综合改革中学校组织方式变革的时代呼唤。丛书聚焦全员导师的四项指导任务：学业指导、人际沟通指导、生命健康指导和家庭教育指导，将理念转化为具体的方法策略，按照聚焦问题、剖析原因、结合案例进行方法策略指导，提供学习资源，扩大研究视野的实践逻辑，站在学生的立场，将发展指导转化为学生具体的学习议题。例如《生命健康教育指导》一书，将生命健康指导落细、落实到青少年生活的具体层面：健康生活很重要，养成好习惯，交到真朋友，培养小兴趣，学会管时间等；同时将学校安全教育、心理健康教育、珍爱生命教育融入其中，体现了基于生活、走向生活的教育理念。

该丛书的出版得到了南京师范大学出版社的高度重视和全力支持，可谓集出版社编辑团队、"随园夜话"班主任沙龙团队之力，大家在一起不断研讨，进行思想碰撞，最终达成共识。各分册主编发挥自己的组织协调力和专业领导力，带领自己的团队高效完成编写任务；出版社组建了强大的编辑团队，他们分工负责，积极配合，将丛书编写的理念转化为精美的图书文本，使丛书的编写过程成为愉快的成长之旅！

期待该丛书能为学校德育工作者、广大一线班主任、中学教师提供一份有指导性、可操作性和专业引领性的精神大餐！也希望大家在阅读此书的同时，能够启发、激发您对教育研究、案例撰写的兴趣，将日常工作转化为研究资源，在研究学生、发现学生、发展学生的同时，成就学生、成就自己！

齐学红

2024 年 11 月

目 录

总序 / 001

第一章
健康生活

第一节　健康生活很重要 / 001

　　一、学生健康生活的重要性 / 001

　　二、学生健康生活的现状 / 004

　　三、学生健康生活的主要内容 / 007

第二节　养成好习惯 / 009

　　一、"西式快餐"不好吃 / 009

　　二、早睡早起身体好 / 013

　　三、如何打扮才得体 / 019

第三节　交到真朋友 / 025

　　一、友善相处 / 025

　　二、我很喜欢"TA" / 030

三、形成学习共同体 / 034

第四节 培养小兴趣 / 039

一、热爱运动避"高分低能" / 039

二、合理运动为身心"减负" / 043

三、爱好艺术为生活添彩 / 048

第五节 学会管时间 / 053

一、告别"拖延症" / 053

二、课余时间巧安排 / 058

三、高效学习有方法 / 063

第二章

学校安全

第一节 学校安全教育概述 / 069

一、学校安全教育的现状 / 069

二、学校安全教育的内容 / 071

三、学校安全教育的目标 / 073

第二节 如何处理校园霸凌 / 075

一、小绰号、大麻烦 / 075

二、被霸凌、施善意 / 080

三、被孤立、寻帮助 / 085

第三节　如何紧急避险 / 089

　　一、防火于未"燃" / 089

　　二、安全伴我"行" / 092

　　三、防震莫"儿戏" / 096

第四节　如何开展课外活动 / 099

　　一、课间十分钟安全才轻松 / 099

　　二、社会中实践安全需操练 / 0103

　　三、游览加研学安全每一刻 / 106

第五节　如何保护学生的权利 / 110

　　一、保障学生受教育权 / 111

　　二、尊重学生隐私权 / 115

　　三、用好学生选举权 / 119

第六节　如何健康上网 / 124

　　一、面对"网暴"要说不 / 124

　　二、流量新宠莫武断 / 128

　　三、网络消费需引导 / 132

第三章

心理健康

第一节　心理健康成长 / 137

003

　　　　一、心理健康的标准 / 137

　　　　二、心理健康教育的意义 / 138

　　　　三、心理健康教育的内容 / 141

　第二节　社交与社会适应 / 143

　　　　一、告别不当交往行为 / 143

　　　　二、轻松适应新环境 / 148

　　　　三、面对酸甜青春恋 / 153

　第三节　情绪与行为调控 / 159

　　　　一、提高心理柔韧性 / 159

　　　　二、调控情绪"晴雨表" / 164

　　　　三、赋能情绪新动力 / 168

　第四节　心理与援助支持 / 172

　　　　一、走出抑郁阴霾 / 172

　　　　二、筑牢援助基石 / 178

　　　　三、引领自我关爱 / 182

第四章

珍爱生命

　第一节　学会珍爱生命 / 187

　　　　一、生命教育的现状 / 188

二、生命教育的内容 / 189

　　三、生命教育的意义 / 190

第二节　提升生命的品质 / 192

　　一、家有二宝不烦恼 / 192

　　二、自信交往不抑郁 / 196

　　三、释放压力不焦虑 / 200

第三节　唤醒生涯规划 / 205

　　一、学业规划逐未来 / 205

　　二、生活规划造幸福 / 208

　　三、职业规划创辉煌 / 212

第四节　畅游生命旅程 / 216

　　一、珍视生命的唯一 / 216

　　二、热爱生命的多元 / 220

　　三、描绘生命的多彩 / 223

第五节　尊重生命的存在 / 228

　　一、勇敢说"不"防侵害 / 228

　　二、这些"时尚"碰不得 / 233

　　三、万物有灵皆需爱 / 236

后记 / 241

第一章

健康生活

学生的健康是有效学习的基础,也是个人全面发展的重要保障。健康不仅是指身体的无病,也是心理、社交以及情感的良好状态。学生养成均衡饮食、规律作息、科学锻炼等良好的生活习惯是保持健康的前提条件。积极的心理素质能够帮助学生从容应对生活和学习的压力,保障身心健康;良好的社交能力可以帮助学生建立友谊,释放压力,增强归属感,是健康生活的重要组成部分;培养高效的时间管理能力也是促进学生健康生活的重要环节。

第一节 健康生活很重要

一、学生健康生活的重要性

世界卫生组织给健康做了明确的定义,即"健康不仅是没有疾病或者不虚弱,还是生理、心理的健康和社会适应的良好状态。"生活是指为生存发展而进行的各种活动,也是人类生命历程中所有日常活动和经历的总和。

我们探讨的"健康生活",是指培育学生有益于健康(身体健康和心理健康)的习惯化行为方式。它不仅包括良好的饮食习

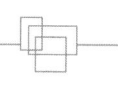

惯和适量的运动,还涉及心理健康和社会交往能力。

当前,学生的生活压力日益增大,来自学业、家庭和社会交往等多方面的挑战,常常让他们感到疲惫不堪。为了应对这些压力,学会如何拥有健康的生活方式就显得格外重要。

1. 健康生活能够增强学生的身体素质

健康的生活方式是维护学生身体健康的基础。中学生正处于生长发育的重要阶段,合理的饮食能够为他们提供必需的营养,促进身体的正常发育。均衡的膳食结构应包括摄取适量的蛋白质、脂肪、碳水化合物、维生素和矿物质。如果营养不良、饮食不均衡,就会导致学生的体重过轻或过重、免疫力下降、注意力不集中、反应迟缓等问题,进而影响学生的身体健康和学习状态。所以,均衡的膳食结构对于学生的身体健康至关重要。

除了合理的饮食,规律的体育锻炼同样是促进学生身体健康的重要因素。学生通过参加各类体育活动(篮球、游泳、跑步等),不仅能够提高心肺功能,增强肌肉力量,提升身体素质,还能够有效控制体重,预防肥胖等慢性疾病的发生,帮助学生保持活力,从而更好地应对学业挑战。

2. 健康生活能够提高学生的学习效率

健康的生活方式对学生学习效率的提升具有显著的影响。青少年每晚需要 8—10 小时的睡眠,以保证大脑的正常功能。充足的睡眠有助于记忆的巩固和学习能力的提升;睡眠不足会导致注意力不集中,记忆力下降,直接影响学习效率。此外养成规律的作息习惯,可以帮助学生保持清醒的精神状态,从而提高学习效率。

饮食习惯对学习效率同样具有重要的影响。营养丰富的早餐不仅能提供一天的能量,还能提高学生的学习效率。研究表明,吃早餐的学生在课堂上的表现效果更佳,注意力更集中。因

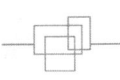

此，要确保学生每天摄入足够的营养，尤其是在备考期间。

充足的睡眠、规律的作息和合理的饮食是提升学生学习效率的重要因素。促进学生建立良好的生活习惯，可以帮助他们更好地集中注意力，增强记忆力，达到提高学习成绩的目的。

3. 健康生活能够维护学生的心理健康

学生心理健康的维护是健康生活的重要组成部分。学业压力、家庭的期望和同伴关系常常让学生感到迷茫和焦虑，而健康的生活方式可以有效缓解这些心理问题。开展适量的体育运动不仅能够促进身体的健康，还能释放心理压力，缓解紧张情绪。因为在体育运动过程中，身体释放的内啡肽有助于振奋学生的心情，使他们感到愉悦。

此外，建立良好的社交关系对于维护心理健康也至关重要。学生在面临困境时往往需要可以提供帮助的伙伴，所以良好的朋友关系能够提供心理支持。学生通过参与社团、集体运动等方式，不仅能够提升自己的社交能力，还能增强自信心，培养积极乐观的生活态度。

4. 健康生活有助于培养学生的良好生活习惯

健康生活的方式有助于培养学生良好的生活习惯，这些习惯将在学生成年后继续影响他们的生活。通过从小培养规律的作息时间、均衡的饮食习惯和科学的体育运动意识，使学生能够在日常的学习和生活中更加自律、高效。拥有健康生活习惯的学生通常在学习上表现突出，他们能保持良好的身体状态，能更好地管理时间，也能更加积极的心态有效地应对各种压力和挑战。

综上所述，健康的生活对学生的重要性不言而喻。它不仅能增强学生的身体素质，提高学生的学习效率，还能促进学生的心理健康，培养他们良好的生活习惯。因此，学校、家庭和社会

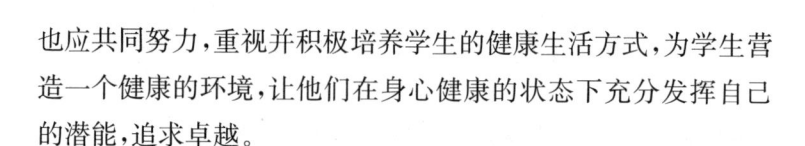

也应共同努力,重视并积极培养学生的健康生活方式,为学生营造一个健康的环境,让他们在身心健康的状态下充分发挥自己的潜能,追求卓越。

二、学生健康生活的现状

学生作为国家的未来和希望,其健康生活问题日益引起社会的广泛关注。当前大部分青少年的生活方式中存在不断累积的健康风险,包括睡眠时间持续减少,运动兴趣缺乏,运动量严重不足,自由玩耍时间减少,以及互联网对青少年健康生活方式的消极影响凸显等。[1] 这些严重侵害了学生的学习和生活,给他们的成长和发展带来不利影响。

1. 营养不均衡

随着社会经济的高速发展,人民生活水平日益提升,虽然中小学生的饮食多样性得到了改善,但是营养不均衡问题依然突出。2023 年,第六次全国学生体质健康调查报告显示:"学生肥胖和超重检出率继续增加。7—22 岁城市男生、城市女生、乡村男生、乡村女生肥胖检出率分别为 13.33%、5.64%、7.83%、3.78%,比 2023 年分别增加 1.94、0.63、2.76、1.15 个百分点;超重检出率分别为 14.81%、9.92%、10.79%、8.03%,比 2023 年分别增加 1.56、1.20、2.59、3.42 个百分点。"中央教育科学研究所体育卫生艺术教育研究中心发布的《我国青少年体质健康发展报告》指出,"西方快餐文化盛行,过多高能量物质的摄入,导致膳食不平衡或营养过剩,直接引发青少年肥胖症的增加。近 30

---

[1] 赵霞,孙宏艳,张旭东.我国城市青少年健康生活方式的发展趋势与改进 [J]. 中国青年研究,2019(4):61-66.

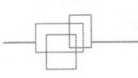

年来,随着经济的快速发展,我国青少年的营养状况得到了明显改善。但是,科学平衡的膳食结构没有建立,西式快餐的误导,高热量、高脂肪饮食成为青少年食物的主要来源,再加上活动量和活动强度的减少,近十年来,过剩性营养不良是导致青少年肥胖不断增加的最重要原因。"

2. 作息不规律

当今,学生的作息时间存在很大的不规律性现象,尤其是中学生,由于学业压力大,熬夜学习的现象普遍。这种生活方式不仅影响他们的睡眠质量,还导致注意力下降,学习效率低下等问题。《中国学生健康相关行为与生活质量调查》显示,"有近一半的中小学生没有达到国家规定的小学生9小时以上、初中生9小时、高中生8小时的睡眠时间;70%以上的中学生在清晨6:00左右起床;80%以上的中小学生在21:30分以后睡眠。随着年级的升高,睡眠时间越少,初中、高中毕业班学生经常在23:00以后睡眠。"

不规律的作息不仅导致睡眠时间不足,还会带来一系列身心健康问题。例如:长期熬夜会影响内分泌系统,可能导致肥胖、免疫力下降、焦虑和抑郁等,这会进一步影响学生的学习和生活。

同时,随着电子设备的普及,学生在使用电子设备时也耗费了大量时间,进一步加剧了作息不规律和睡眠不足的状况。过度使用电子产品不仅导致学生上课时注意力不够集中,影响学生的学习成绩,还可能给他们的健康带来负面影响。《青少年互联网使用情况调查报告(2024)》显示,"青少年互联网普及率见顶,其上网频率也较高,半数以上每周触网,近三成每日触网。51%的青少年上网频率以周为单位,每天上网的青少年所占百分比为29.1%,仅有2.2%的青少年从不上网。"针对中小学手机使用现状,东北师范大学中国农村教育发展研究院,对四川、广西、贵州、福建、湖南、山西等地的9—15岁中小学生展开分层抽样调查,共发放问卷1.2万余份。在调查样本中发现"有18.81%的中小学生不使用手机或电脑;累计每天使用时长在1个小时以内的中小学生占39.96%;1—2个小时的占23%;2—4个小时的占11.82%;4个小时以上的占6.61%。"[1]如果学生沉溺在网络世界中,他们就很少有机会到户外参与更多的体育活动,不能体验到运动的乐趣和与同伴交往的快乐,健康的生活方式和行为习惯也就难以形成。

3. 体育锻炼不足

随着学习压力的增大,许多学生在繁忙的学校课程和课外辅导中忽略了体育锻炼。《中国中小学体育基本情况调查》显示,"只有18%的学生能达到每天1小时的体育活动时间,42%的学生只能达到每天0.5小时的体育活动时间,而有40%的学生达不到每天平均0.5小时的体育活动时间。并且,随着年级的增高,每天能够达到1小时体育活动时间的学生逐渐减少,高中学生的情况最差,只占12.5%,而情况最好的小学生也只能达到22.6%。"

定期锻炼对于增强体质和免疫力至关重要。许多学生每周的运动时间低于推荐标准,而缺乏锻炼会导致机体的抵抗力下降,诱发各种疾病。此外,许多学生因缺乏锻炼而在课堂上出现注意力不集中的现象,其学习内容难以吸收,学习效率受到影响。身体锻炼不足已成为现在的学生亟须解决的问题。

4. 心理健康问题突出

中小学生由于学业压力的增大,心理健康问题也日益凸显。2021年3月,中国科学院心理研究所发布的《中国国民心理健

---

[1] 吴键.我国青少年体质健康发展报告[J].中国教师,2011(20):12.

康发展报告（2019—2020）》显示，"我国青少年抑郁检出率为24.6%，其中重度抑郁为7.4%，检出率随着年级的升高而升高。小学阶段的抑郁检出率为1成左右，其中重度抑郁的检出率约为1.9%—3.3%；初中阶段的抑郁检出率约为3成，重度抑郁的检出率为7.6%—8.6%；高中阶段的抑郁检出率接近4成，其中重度抑郁的检出率为10.9%—12.5%。"《2022国民抑郁症蓝皮书》显示，"我国18岁以下抑郁症患者占总人数的30.28%。在抑郁症患者群体中，50%的抑郁症患者为在校学生，41%的学生曾因抑郁休学，学业压力已经成为压在青少年抑郁症患者身上的一座大山。"许多学生在面对考试、升学等压力时，表现出焦虑、失眠等心理亚健康状态，有的学生还因心理压力出现了头痛、失眠等身体不适症状，严重时可能导致心理疾病。此外，在社交网络日益普及的今天，许多学生与他人面对面交流的机会减少，导致社交能力的不足，这也会影响他们的情绪管理和人际关系，进而加重心理问题。

三、学生健康生活的主要内容

学生健康生活的主要内容一般包括：生活习惯、正确交友、兴趣爱好、时间管理四个方面，分别侧重于学生的习惯培养、对外交往、对内精神提升、自我管理等方面的培养。

首先，良好的生活习惯。注重合理的膳食结构，包括适量的水果、蔬菜、谷物和优质蛋白质，可降低患慢性病的风险；避免过量摄入高糖、高脂肪的食物，可以防止肥胖及其相关健康问题的发生。保证充足睡眠，可以促进身体的修复与恢复，有助于提高认知能力，增强学习和记忆效果。穿着打扮不仅关乎个人的审美与风格，它对身体健康、心理状态和社交生活都有着深远的影响，通过选择适合自己的衣物，形成个人风格，可以有效促进身心健康，提高生活质量。

其次，正确的交友方式。正确的交友方式可以促进身心健康。朋友之间的相互支持、理解和陪伴能带来积极的情绪，缓解自身压力，增强自信心。通过与他人相处，有助于学生学会沟通、合作与分享，学习人际交往技巧和情绪管理能力。学生与有良好习惯、道德价值观相符的朋友为伴，可以远离不良行为、不健康的生活方式和负面情绪，保持良好的心理状态。同时，健康的生活方式也有助于提升社交能力，使我们与他人交往时更有活力和魅力。

再次，广泛的兴趣爱好。学生通过投入兴趣爱好中，可以减少焦虑和抑郁的症状，促进身心健康。我们很多的兴趣爱好涉及体育运动或艺术活动，如音乐、舞蹈、登山、劳动等。广泛的兴趣爱好往往涉及与他人的互动和交流，如参加俱乐部、社团或团队活动，这样的社交互动对于心理健康非常重要，可以增强社交能力、建立友谊和人际关系网。如此，中小学生不仅可以让生活更加丰富多彩，获得愉悦和成就感，提高生活质量，增强对生活的积极态度，还可以培养认真专注、刻苦勤奋、坚持不懈等意志品质，以应对成长道路上的困难。

最后，科学的时间管理。科学的时间管理可以帮助中小学生合理安排时间，有效利用每一分钟，提高学习效率，并带来更多的体育运动、艺术练习和睡眠时间，从而促进健康而丰富的生活方式的形成。科学的时间管理亦可以帮助中小学生更好地管理日常学习，减轻压力和焦虑，提高身心健康水平。此外，科学的时间管理还可以培养中小学生的自律意识，帮助他们更好地掌控自己的言行，养成良好的生活习惯，如规律性的饮食、运动和睡眠，从而促进他们健康成长。

第二节　养成好习惯

良好的生活习惯是幸福生活的基石。均衡的饮食,充足的睡眠和得体的穿着打扮,不仅能保持学生良好的精神面貌,也能改善他们的身心健康状况。健康的身心,可以让他们更好地应对生活中的各种挑战,享受每一个美好的瞬间。

一、"西式快餐"不好吃

在孩子们充满好奇与幻想的世界里,"西式快餐"似乎有着一种独特的魅力,金黄酥脆的薯条,香气四溢的汉堡,鲜嫩多汁的炸鸡,总是能瞬间抓住小朋友们的心。每当孩子们走进"西式快餐"店,眼睛里便闪烁着兴奋的光芒。对于他们来说,"西式快餐"不仅是美味的食物,更是快乐的象征。无论是作为和小伙伴一起分享的美食,还是作为完成作业后的奖励,"西式快餐"都成了他们童年时光里难以抗拒的诱惑。

【情境案例】

小明是一个活泼可爱的三年级男生,特别钟情于"西式快餐",对中餐毫无兴趣。每天放学后,小明总是缠着家长带他去吃"西式快餐"。汉堡、炸鸡、可乐成了他的"每日标配"。家里准备的营养均衡的中餐,他总是随便扒拉几口就不吃了。渐渐地,小明的体重开始不受控制地增加,同学们给他起了个外号叫"小胖墩"。在学校的体育课上,小明没跑几步就气喘吁吁了,很多体育项目都无法达标。

【案例分析】

我们走进"西式快餐"店，常常能看到很多小学生在此就餐。"西式快餐"似乎有一种吸引着小朋友们的魔力，成为他们聚会和享受美食的热门选择。

1. 不够文化自信

受多元文化冲击，我们对本土饮食文化缺乏深入了解和认同。特别是孩子们，他们一味追求"西式快餐"的便捷与新奇，对"西式快餐"情有独钟、盲目追逐。他们对本土美食缺乏足够的关注与热爱，忽视了中华美食丰富的内涵与价值，没有体会到中华饮食文化的博大精深，这其实是民族文化不自信的表现。长此以往，对整个民族的文化凝聚力会产生消极影响，使学生在多元文化冲击下更容易迷失自我，逐步丧失对于民族身份的自豪感和归属感。

2. "西式快餐"美味快捷

"西式快餐"通常具有浓郁的香气和独特的口味，比如炸鸡的香脆、芝士和酱料的浓郁、薯条的咸香，这对于中小学生的味蕾有很强的刺激作用。"西式快餐"制作用时短，学生能够迅速获得食物，满足了他们即时享受的心理需求，而中餐的烹饪用时较长，需要等待的时间比较久。

3. 成人引导及攀比心理作祟

家长有时会把去吃"西式快餐"作为对小朋友的奖励，让他们将其视为一种特别的享受。在孩子心中，吃"西式快餐"仿佛成了一件很骄傲的事情，他们之间会相互交流和分享。当看到小伙伴们吃"西式快餐"时，从众心理在这时发挥了作用，促使更多的中小学生去尝试和接受"西式快餐"。

4. 品牌营销和推广导致

"西式快餐"的品牌往往深谙学生的心理和需求，他们通过

第一章　健康生活

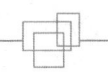

充满活力的店面装修,可爱的卡通形象和色彩鲜艳的包装,营造出欢快愉悦的就餐环境,他们在广告宣传方面投入大量资金,邀请明星代言,制作吸引人的动画广告,这很容易吸引学生的目光。同时,"西式快餐"还善于利用社交媒体和线上平台进行推广,推出各种线上互动活动,例如抽奖、打卡分享等,增加品牌的曝光度和话题性。此外,他们还会与热门的影视作品、游戏等进行联名合作,进一步扩大品牌影响力。在这种全方位的品牌营销和推广方式的影响下,学生很容易被吸引,从而对"西式快餐"产生浓厚的兴趣。

【对策建议】

引导中小学生形成健康的饮食理念和习惯,班主任可以尝试这样做。

1. 开展主题班会,弘扬文化自信

教师通过开展主题班会,向学生介绍中华几千年的饮食文化,了解中餐的营养常识、文化内涵及美学意义,引导学生在品尝美食的过程中,用味蕾去感受那份醇厚;在欣赏美食的形态时,用眼睛去捕捉其中的韵味;在制作美食的过程中,用双手去触摸文化的脉搏。通过这一系列的活动,让学生深刻体会中华饮食文化的博大精深,从而弘扬作为中国人的文化自信,使他们更加热爱和珍视我们的传统文化。

2. 家校合作,为孩子饮食健康护航

学校要与家长保持密切沟通,通过家长进一步了解孩子的饮食状况,建议家长为孩子在家中提供更多健康均衡的饮食选择,减少购买"西式快餐"的频率。举办"家长学校"活动,邀请营养专家为家长讲解如何为孩子规划合理的饮食,形成家校共同关注学生健康饮食的合力。针对个别严重肥胖或有特殊健康需求的学生,学校要与家长一起制定个性化的饮食和运动计划,并定期跟踪和调整。

3. 重视管理,关注学生日常饮食

首先,教师要通过晨会等时间,为学生深入讲解健康饮食的重要性。通过生动的图片、案例和科学数据,让学生了解"西式快餐"与肥胖及其他健康问题的关联,引导他们树立正确的饮食观念。其次,组织健康饮食知识竞赛或小组讨论,激发学生主动学习和思考,增强他们对健康饮食的认知。最后,可以邀请具有健康饮食习惯的学生分享经验,带动其他同学学习好习惯。

教师还要关注学生在校的饮食情况,鼓励学生选择学校食堂的健康食品。班主任可利用课余时间,向学生讲解中餐荤素搭配的好处。例如,可以增强身体免疫力,促进消化和肠道健康等。也许学生会在潜移默化中,喜欢上中餐。对于经常吃"西式快餐"的学生,要进行个别谈话,了解其背后的原因,如因为方便、口味偏好等,并对其提供针对性的建议和帮助。

4. 开展活动,感受健康饮食的重要性

班主任可以和体育老师共同组织班级体育活动,如跑步、跳绳比赛等,让学生在运动中感受健康的生活方式,同时消耗多余热量,提高身体素质。在班级开展"健康饮食打卡"活动,鼓励学生记录自己一周的饮食情况,对表现良好的学生进行表扬和奖励。组织学生参观食品加工厂或农场,让他们亲身体验食物的生产过程,增强对健康食材的认识和对食品卫生的重视。

5. 重视班级文化建设,营造健康饮食氛围

教师在班级管理方面,要重视班级文化建设,营造健康饮食的氛围。班主任可以和学生携手,共同制订班级的健康饮食公约,这不仅能增强学生的责任感,还能使规则更贴合实际情况,易于执行。通过这种方式,形成班级内部的自律和监督机制,促

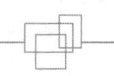

使学生自觉遵守公约。为了进一步强化健康饮食的理念,可以在班级中设立"健康饮食角",在这个角落,可以展示丰富多样的与健康饮食相关的资料,如各类食物的营养成分介绍,合理膳食搭配的方法等。同时,在班级张贴引人注目的图片,比如色彩鲜艳的水果、新鲜的蔬菜以及营养均衡的餐盘示例,以此吸引学生的注意力。此外,还可以展示学生创作的健康饮食的优秀作品,如手抄报、绘画、作文等。

6. 区别对待,提供个性化服务

教师可以根据每个学生的身体状况、口味偏好等,为学生推荐适合他们的健康食谱和烹饪方法。鼓励他们尝试自己动手制作健康美食,这既能提升他们的生活技能,又能培养健康的饮食习惯。班级举行"健康之星"评选活动,对在改善饮食和健康管理方面表现出色的学生进行表彰和奖励,激发学生的积极性和主动性。将学生的健康饮食行为纳入综合素质评价体系,以引起学生的足够重视。这会让他们明白,健康饮食不仅关乎自身的身体健康,也是个人综合素质的重要体现。

7. 做好健康心理疏导

我们要关注因肥胖等健康问题而产生心理困扰的学生,给他们提供心理咨询和支持,帮助他们树立积极的自我形象和健康心态,避免因身体原因而产生自卑、焦虑等负面情绪。还要开展心理健康教育活动,培养学生的情绪管理能力和应对压力的技巧,让他们能够以平和的心态面对饮食调整和健康管理过程中的挑战。

二、早睡早起身体好

早睡早起对身体有诸多好处,它要求个人有较强的自律精神和行动能力,是一种了不起的好习惯。[1] 这对于正处在生长发育期的中小学生而言,早睡早起的意义更为深远。它有助于学生保持清醒的头脑,提高学习效率;有助于正常分泌激素,促进生长发育;有助于形成良好的生活习惯,培养自律品质等。2021年3月,教育部办公厅发布的《关于进一步加强中小学生睡眠管理工作的通知》规定,根据不同年龄段学生身心发展特点,小学生每天睡眠时间应达到10个小时,初中生应达到9个小时,高中生应达到8个小时。学校、家庭及有关方面应共同努力,确保中小学生的充足睡眠时间。可事实上有38%的中小学生就寝时间晚于规定要求,67%的中小学生睡眠时间不达标。

【情境案例】

晚上10点多,班级群突然"嘀嘀嘀嘀嘀嘀"热闹起来,班主任蔡老师一看,先是铭铭的爸爸在家长群抛出了"一枚炸弹"——"我就搞不懂了,这才五年级就有这么多作业吗?到现在还没写完!"他的发言引来了一批家长的共鸣。

"刚写完,还要读课外书。"

"是的,太多了,我家的孩子也刚写完!"

"现在的小孩学习真辛苦!"

"在学校又不让写作业,每天这么迟睡觉,早上也起不来。"

"我们住得远,放学回来吃完饭都七点半了。"

"每天这样真怕影响孩子的身体。"

....

蔡老师赶紧单独联系了几个学习效率较高的学生的家长询问情况。得到的回复是,这些孩子也要到晚上9点多才能完成所

---

[1] 李珍玉.早睡早起,了不起的好习惯[J].科学之友,2022(1):68-69.

有作业。蔡老师了解清楚后,赶紧在群里安抚家长:"已收到各位家长的反馈,大家辛苦了。今天赶紧带孩子休息吧,这才刚刚开学,后面的路还很长,保证孩子的睡眠和健康更加重要。明天我会尽快和各学科的老师沟通协调,及时调整,以确保孩子的睡眠。"

【案例分析】

该案例反映了当前中小学生普遍面临的作息问题,造成这一问题的原因可能包括以下几个方面。

1. 作业太多,写不完

社会上升学压力和就业压力的增大,无不影响着当下的学生、家长和教育工作者。于是,许多"不得已"的学业负担也随之而来。一方面,学校课程种类不断丰富,课程要求不断提高,导致学生的作业种类和作业总量不断增加;另一方面,现在的家长更为积极主动对待子女的教育,很多学生除了要完成校内作业,还要完成家长布置的作业。教师与家长之间,缺乏有效的沟通和衔接,导致学生承受大量重复性作业、不当作业,这占用了学生大量的休息时间,造成学生就寝时间晚,睡眠时间不足。

2. 学不得法,拖太晚

学习效率过低,学不得法也是造成部分学生入睡晚、睡眠不足的主要原因。我们经调查了解,班级中效率最高的学生,放学前就可以保质保量地完成所有作业,效率最低的学生却要拖到晚上11点才能就寝。这两者的根本差异,其实在于是否具备高效的学习方法和时间管理意识。

3. 不良环境,影响大

随着时代的发展,网络媒体逐渐渗入学生的学习和课业过程中。例如:家庭作业通常布置在家长群,预习作业要求查阅资料,英语作业要求听录音等,这也导致学生过早地接触手机和网

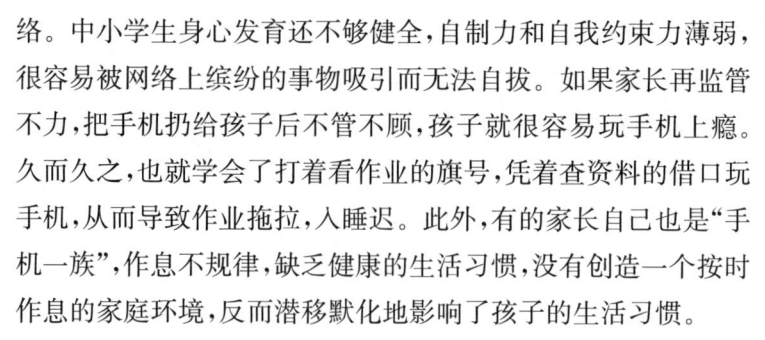

络。中小学生身心发育还不够健全,自制力和自我约束力薄弱,很容易被网络上缤纷的事物吸引而无法自拔。如果家长再监管不力,把手机扔给孩子后不管不顾,孩子就很容易玩手机上瘾。久而久之,也就学会了打着看作业的旗号,凭着查资料的借口玩手机,从而导致作业拖拉,入睡迟。此外,有的家长自己也是"手机一族",作息不规律,缺乏健康的生活习惯,没有创造一个按时作息的家庭环境,反而潜移默化地影响了孩子的生活习惯。

4. 有无疾病,要排查

睡眠不仅与生活习惯有关,同时也能反映出个体的健康状况。如果发现学生出现较长时间不明原因的入睡困难、睡眠减少等情况,或是不明原因的嗜睡、过度睡眠,精神萎靡等睡眠异常情况,我们要警惕学生是否患有身体或精神方面的疾病,应第一时间与家长取得联系,深入了解孩子的睡眠情况,必要时建议家长及时寻求学校心理教师或专业医疗机构医生的诊断和帮助。

【对策建议】

针对上述原因,我们可以从以下几个方面指导学生养成早睡早起的好习惯。

1. 科普睡眠知识

美国心理学家德西和瑞安曾提出,个体的认知水平和认知能力会直接影响其行为方式的选择。因此,如果能够加强学生和家长对于睡眠的科学认知,将有助于提高学生和家长对于睡眠的重视程度,从而自觉主动地关注睡眠状况,养成良好的睡眠习惯。为此,班主任可以利用日常晨会课、班会课的时间,开展有关"睡眠与健康""睡眠与学习""睡眠与大脑"等主题教育活动;借助班级黑板报和宣传栏,向学生普及有关睡眠与健康作息的方法和建议;通过"家长课堂、家长群"等渠道,向家长朋友普

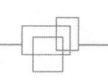

及睡眠对于学生生长发育和身体健康的重要性。

2. 统筹减负增效

班主任是家校沟通的桥梁，应充分发挥其在"任课教师之间""学校与家长之间"的沟通和协调作用，力求真正实现为学生"减负"的目的。

为此，班主任可以在每学期初，为本班所有任课教师组建一个作业沟通群，首先确保所有任课教师都明确教育部门对于中小学生家庭作业和睡眠时间的规定，组织大家在每天发布作业前互相沟通、综合考量，必要时班主任可以从中进行协调，这样既能将学生每天的作业总量控制在合理范围之内，也能变相提升任课教师们的课堂教学效率，提高家庭作业质量。此外，班主任还需定期与不同层次学生的家长进行沟通，询问学生放学回家后的作业完成情况和睡眠情况并及时做出调整，从而帮助学生真正实现"减负增效"。

3. 指导提高效率

儿童进入青春期后，他们与同伴之间的关系开始变得尤为重要，他们处于同伴群体中，会不断地将自己与他人进行比较，从而互相影响。心理学家把这种特定群体成员之间的相互影响称为"同伴影响"。[1] 班主任应引导学生在与同伴交往中，对于他人积极的一面进行学习，对于他人消极的一面加以回避。为此，班主任可以利用每天早上作业反馈的时间，或者是每天放学前总结学习任务的时间，邀请班级中学习效率高的学生给大家分享经验和方法，为其他同学提供参考和学习的机会。或者在平时的学习中，有意识地将完成作业速度快和完成作业速度慢的学生安排成同桌，帮助他们结成"作业搭子"，指导速度快的学

---

[1] 王婷.善用"同伴影响力"[J].21世纪商业评论，2008（7）：34-35.

生对速度慢的同学进行督促和帮助,从而使更多的学生高效完成作业,确保充足睡眠时间。

4. 养成作息习惯

部分学生入睡迟,可能是由于缺乏时间观念,喜欢拖延。为此,班主任可以指导学生制订科学合理的作息计划,并采用小组监督、定期汇报、班级打卡、定期评比的形式,帮助学生养成良好的作息习惯。必要时,可以传授学生一些简单实用的时间管理方法,如"四象限法则""番茄钟法"等,使学生有能力克服拖延的习惯,提升学习的效率,早睡早起。

5. 运动有助睡眠

针对学生由于不良习惯导致的入睡迟、入睡困难等问题,班主任可以指导学生借助科学合理的运动加以改善。美国加州大学的研究表明,在早上7时或下午13—16时运动,可以将生物钟提前,使人白天充分消耗能量,犯困的时间提前,有利于早睡早起;而在晚间19—20时运动,可推迟生物钟,使人夜晚更兴奋,睡眠时间推迟。因此,晨起或下午进行适当运动,对早睡早起有一定帮助。[1]

6. 小组互相激励

教师可以通过自主报名的方式组织学生成立早睡早起小组,共同制订一学期的早睡早起计划和奖惩制度。[2] 例如,针对早起问题,成员需在规定时间向组长汇报起床情况,组长进行记录。对于早上起不来的成员,小组成员采取互相打电话的形式,帮助其早起;针对按时睡觉问题,成员需在规定时间入睡并向组

---

[1] 李珍玉.早睡早起,了不起的好习惯[J].科学之友,2022(1):69.
[2] 付亚康,陈丹,彭怀晴,等.西南地区大学生早睡早起习惯的调查研究[J].保健医学研究与实践,2016(2):20.

长汇报,对于按时睡觉困难的成员,组员可以在计划前1小时发送早睡提醒短信,敦促成员及时完成任务。组长每日将小组成员睡眠情况向班主任汇报,增强监督力度;组长每周召集所有组员汇报一周完成情况并进行奖励和惩罚,邀请做得好的组员分享经验,互相激励,最终养成早睡早起的好习惯。

【拓展延伸】

早睡早起身体好

人的身体就好像一个天然的大工厂。入睡后,依旧活跃的器官在进行自己的排毒工作。①

21:00—23:00,淋巴排毒。此时人体应该处于安静休息状态。

23:00—1:00,肾、肝排毒。此时人体应该熟睡,否则就会加大肾脏、肝脏的负荷,导致废物、毒素积聚在体内不能排出,对身体造成损害。

24:00—4:00,骨髓造血。必须熟睡,不宜熬夜,否则易导致器官早衰。

3:00—5:00,胆、肺排毒,这需在熟睡中进行。

5:00—7:00,大肠排毒。此时段是最佳的如厕排毒时机,需要你保持清醒状态,及早起床。

由此可见,早睡早起是保持身体健康的重要秘诀,早睡早起好处多。

三、如何打扮才得体

仪容仪表是指一个人的外在形象和气质,包括个人的穿着、

---

① 黎洁.不可忽视的人体排毒作息时间[J].健康向导,2012(4):59.

发型、容貌、体态等方面。一个人的仪容仪表不仅反映出其素质修养、审美情趣、精神风貌和生活态度,还左右着其个人的形象和自信心,对其社会交往、身心发展有着较大影响。

教育部颁发的《中学生日常行为规范》中,对学生的仪容仪表进行了规范:穿戴整洁、朴素大方,不烫发,不染发,不化妆,不佩戴首饰,男生不留长发,女生不穿高跟鞋。仪容仪表教育成为学校德育的重要内容之一,各个学校依据《中小学生守则》和《中学生日常行为规范》,制定了相应的仪容仪表规范要求,以期培养学生形成良好的个人形象和内在素养,培养正确的审美情趣,养成健康的生活方式。目前,在一些时尚潮流的影响下,化妆、追求名牌、烫染发型、网红穿搭等成了学生追捧和热衷的时尚,他们认为这样穿着打扮后会更加漂亮新潮,能够提升自己的形象,会受到别人的喜爱。

【情境案例】

小丽是班级的文艺积极分子,课余时间学习声乐,多次参加各类歌唱比赛并获奖。最近她越来越爱穿着打扮了,宽松舒适的校服早被紧身T恤、小短裙代替,化妆成了她的爱好,且她这种对化妆的喜好也渐渐影响了班级里的其他女生。这天物理课上,小丽竟然堂而皇之地对着镜子画起了眉毛,物理老师一气之下,将她直接送到了班主任的办公桌前。

【案例分析】

俗话说,爱美之心,人皆有之。每个人都喜欢把自己打扮得漂漂亮亮的,中小学生中像小丽这样关注穿着打扮的不在少数。如果烫染头发、戴耳钉、化妆、穿奇装异服成为校园时尚的风向标,那么青少年的审美观、价值观和身心发展都将受到不良影

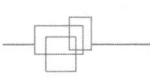

响。一些中小学生为什么热衷这种成人化、流行化、奇异化的打扮呢？究其原因，有以下几点。

1. 自我表达的需要

随着学生自我意识的不断增强，他们开始更加关注自身的形象和外在表现，穿着打扮便成为他们表达个性的一种重要方式。学生希望通过服装搭配、发型变化和饰品选择，呈现出自己的风格，展示与众不同的一面。这种自我表达不仅是为了迎合外界的审美标准，更是他们对自我认同的一种追求。他们渴望通过外表的改变获得他人的认可和赞美，希望在同龄人中脱颖而出，想要通过个性化的打扮来增强自信心，提升其在社会交往中的自我价值。

2. 网络媒介的影响

数字化时代的网络媒介，尤其是社交媒体，在学生的时尚认知和审美观念中扮演着重要的角色。社交平台上汇聚了大量的时尚潮流内容，学生们常常在这些平台上浏览偶像和"网络红人"的穿搭，热衷于学习如何复制偶像的风格，他们花费时间和精力去了解这些风格的搭配方法和流行单品，以期在他人的眼中展现出前卫和吸引力。这种模仿行为不仅是为了满足他们对时尚的热爱，更是希望通过自身外表的改变来赢得他人的关注与认可。

3. 寻求群体的认同

学生的交往和互动受到同伴的深刻影响，而流行的穿着和打扮成为学生之间建立联系与认同的重要手段之一。对于青少年来说，寻求群体的认同感是生理和心理发展的天然需求。在这个时期，个体的自我意识逐渐增强，他们希望在同龄人中找到属于自己的位置。通过选择与同伴一致的时尚着装，可以更容易融入特定的社交群体。例如，当一群学生都穿着同样品牌的运动鞋或同种款式的服饰时,那一刻的共同表现不仅展示了他们的时尚品位,也暗示着他们之间的密切关系。这种现象在青春期的社交生活中显得尤为重要,因为它可以帮助学生建立起友谊,增强自信,并在心理上感受到群体的支持。

4. 家庭教育的缺位

有的家庭可能过于重视外在表现,父母往往将外貌视为个人价值和社会认可的重要指标,导致学生在潜移默化中形成对穿着的过度关注。如果这种观念在日常生活中得以传递,就会影响孩子的自我认知。当家庭成员频繁讨论外部形象、品牌和流行时尚时,孩子也可能会逐渐形成对穿着风格产生过度焦虑的思维习惯。

此外,家庭的经济状况也可能对学生的衣着选择产生影响。在经济宽裕的家庭中,父母通常会给孩子购买名牌或款式流行的服装,孩子可能会认为仅凭这些外在符号就能获得同龄人的认可和羡慕。对于那些经济条件有限的家庭,学生可能因无法追求流行趋势而感到自卑,甚至在学校生活中遭受孤立或不公平对待。

【对策建议】

班主任要引导学生正确穿着打扮,培养他们正确的价值观和审美情趣,不仅要求学生保持健康的外在形象,还要注重内在素质的提升,养成健康的生活习惯。

1. 个别谈话,了解需求

青春期是自尊心发展的关键时期,这一时期的孩子自我意识增强,对自身形象较为关注,他们对周围事物的反应更加敏感。班主任发现班级里学生的仪容仪表不合规时,如果贸然批评或直接让家长带回去整改,那么只会让学生更加反感,也不能达到良好的教育效果。因此,班主任可以私下个别谈话,注意方

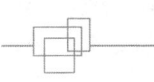

式方法，站在学生的角度，了解孩子如此穿着打扮的原因。

班主任只有了解学生的内心需求后才能对症下药，进行正面引导。首先肯定他们这样穿着打扮的合理动机，帮助学生发现自我的真正需求，引导学生正确认识美，鼓励学生用更加健康合理的方式满足自己的需求，在德、智、体、美、劳多方面展示自己的美丽与个性，寻找正确的成长方向。

2. 价值澄清，共定标准

班主任可以在班级里开展"我给'美丽'下定义""怎样穿着打扮才漂亮"等主题班会，通过生活实例、文学艺术、影视作品等引导学生认识美、理解美、寻找美，拓宽学生对美的内涵的理解，以此培养学生对美的认知，形成正确的审美观和价值观。

班主任还可以在班级开设"学生这样穿搭美不美"等主题辩论赛，让学生在思辨中发现问题、探究问题，澄清自己的价值追求，将追求美的方式由穿着打扮延伸到自我内心的修养，由外貌的装扮转变为意志的锤炼、知识的求知、理想的追求……形成积极向上的价值观。班主任可以与学生共同商量应该如何穿衣打扮，对健康舒适的穿着打扮给予认可，对不符合身份的、不符合积极价值追求的给予否定。再结合《中学生日常行为规范》和学校仪容仪表准则，共同制定班级学生穿着打扮规定，要求大家统一签字认定，将其纳入班规并执行。

3. 创设活动，加强美育

班主任可以以活动为载体，为学生搭建展示美的舞台。利用好运动会、读书节、节目表演等契机，指导学生如何着装和打扮才能提升精神面貌，帮助学生养成健康积极的审美意识。班级可以组织一系列相关活动，例如时尚讲座、穿搭评比、服装设计等，引导学生在活动中理解美、感悟美、创造美，帮助学生提高审美能力，树立正确的审美观和审美情趣。

我们要发挥榜样的示范作用,在班级中依据相关规定,每月评选出仪容大方、整洁文明、仪表青春向上的学生作为礼仪榜样,给予奖励或在班级微信群展示,引导其他学生争相学习效仿,形成健康积极的班级氛围。

4. 家校合育,积极引导

班主任可以通过班级群、家长会、家长开放日,向家长传达学校对学生穿着打扮的具体要求,给家长提供关于学生穿着打扮的指导,帮助他们指导孩子穿着干净整洁、大方得体、舒适健康。班主任还可以通过讲座、培训等方式,引导家长做好家庭中穿着打扮的榜样,创设积极向上的家庭氛围,在日常生活和学习中帮助学生形成正确的审美观和价值观。

同时,班主任还可以引导家长多多关注学生的心理需求并进行积极引导,多关注学生的心理健康并给予支持和鼓励,帮助学生建立自信。

【拓展延伸】

中学生仪容仪表规范

1. 男生不得留长发,不得剃光头,不得染发、烫发,不理碎发,做到前不扫眉,旁不遮耳,后不过颈,不留怪发型。

2. 女生前额刘海儿不过眉,不涂脂抹粉,不画眉毛,不画眼线,不抹口红,不涂指甲油,不得披头散发、烫发、染发,不理碎发,不梳理怪发型。

3. 不得佩戴耳环、戒指、手镯、手链等饰物,不染、不装饰指甲,不留长指甲,不文身、绘身。

4. 穿戴整洁、朴素、大方,不穿奇装异服,在校园内统一穿校服,不得穿拖鞋,女生不穿高跟鞋,书包背带不得长过大腿。

第三节　交到真朋友

小学生由于年龄小，很容易受到情绪影响，在人际交往中，往往很自我，不能站在对方的立场去想问题，无法正确处理和同伴之间发生的小摩擦。青春期时，学生在心理上逐渐减少对成人的依赖，走向独立的心理断乳期，父母和老师对他们的影响逐渐减弱，他们更重视自己能否被同伴接纳，能否与同伴建立友谊，能否获得同伴的理解和认可。此阶段的学生在与同伴相处的过程中，由于自身情感认知发展的不成熟，以及经验阅历的匮乏，有时会出现友谊界限模糊、交往方式不当，不知道该如何处理朦胧又美好的感情等问题。高中的学生由于学业压力大，一心只扑在学习上，所有的事情都排在学习的后面，认为任何人、任何事都不能影响到他们的学习，他们中出现了少社交，甚至无社交的现象。针对不同阶段的学生，班主任要能根据实际情况进行方法上的指导，教会学生如何正确交往。

一、友善相处

友善交往可以促进情感交流，建立良好人际关系，提升心理健康，促进个人成长。但是有的中小学生由于性格内向，家庭环境影响，缺乏社交技能，事事以自我为中心，他们在和同伴的交往中，可能会被孤立、排挤，从而引发冲突。

【情境案例】

小强是一名四年级的学生，平时淘气，喜欢对同学恶作剧。

他会把从操场上抓来的毛毛虫偷偷放进女生的课本里,女生被吓得哇哇叫的时候,他就在旁边偷乐;他会把一个同学的文具悄悄放在另一个同学的笔袋里,看到丢失文具的同学因为找不到文具而着急时,他才会慢吞吞地"帮忙寻找";他前面的同学正准备坐下的时候,他会突然把人家的椅子拿走,让同学一屁股坐到地上,同学疼得直哭时,他会嘲笑同学矫情或不够坚强。

他平时也很自私,什么事情都只想到自己,以自我为中心,从来发现不了自己的问题。每次老师询问他和同学闹矛盾的原因,他都会说:"是别人先惹我的。"讲道理讲不过别人的时候,他都会通过号啕大哭的方式来避免被惩罚。久而久之,同学们都不喜欢他。

本学期的春季社会实践要以小组为单位开展活动,同学们都自发组成了小组,但是没有一个小组愿意让小强加入。小强很难过地说:"为什么大家都不喜欢我呢?我也很想和同学们一起玩啊。"

【案例分析】

中小学生活泼好动是天性,以自我为中心是本性。小强这一类淘气、喜欢恶作剧的同学,在学校里的确不少。他们与同学相处只考虑自己,没有集体观念,导致没有人愿意和他们交朋友。

1. 缺乏社交技能

学生的个人成长过程中,社交技能的缺失是一个较为突出的现象。许多学生没有学会如何与他人友好、和谐地相处,他们在人际交往中常常感到迷茫和困惑,不知道该以何种方式融入群体。这些学生也不擅长表达自己的想法和感受,要么过于直接而导致冲突,要么过于含蓄而让人难以理解。并且,他们往往不懂得尊重他人的权利和感受，容易无意间侵犯他人的边界，从而引发不必要的矛盾和纠纷。

2. 心理需求未得到满足

学生中也有一部分人的心理需求未得到满足，这可能导致他们出现一些不良行为。例如，他们可能通过恶作剧来吸引他人的关注，因为他们在诸如关爱、认可等情感需求方面未得到满足，所以试图以此种方式来弥补。心理学研究发现，很多学生对他人恶作剧，其背后的原因很可能是渴望被他人关注。长期缺乏家庭关爱的学生，可能会在学校里故意捣乱；未得到老师充分认可的学生，也许会通过搞怪举动来引起别人的注意。

3. 家庭教养方式不当

在一些家庭中，父母对于孩子的教育存在教养方式不当的问题，缺乏正确的行为引导和价值观教育是其中的关键。父母过于纵容孩子的不良行为，没有教导他们要关心他人和考虑集体利益。久而久之，孩子就会形成错误的认知，觉得自己的需求和欲望永远应该被优先满足，世界要围绕自己运转。例如，在与小伙伴玩耍时，只考虑自己的意愿，不顾及他人感受，这都源于家庭教养方式的不当。

家长使用不当的家庭教养方式培养的孩子，性格较为冲动，难以控制自己的行为，缺乏同理心和换位思考的能力。他们不能站在对方的角度想问题，很少去考虑他人的感受以及行为的后果，行动靠直觉而不靠理智。

4. 集体观念缺失

部分学生集体观念淡薄，缺乏团队合作精神，在集体活动中，他们总是关注个人的表现和得失，不愿意充当配角。这种心态使得他们难以融入团队，难以获得他人的支持和鼓励，从而无法与他人协作完成任务。在一个集体中，每个角色都至关重要，只有相互配合,才能实现共同的目标,当学生不愿意承担配角的责任时,团队的协作就会出现裂痕,也难以完成任务。

5. 社交环境影响

学生的成长容易受到所处环境的影响,如果所处的社交环境中存在不良的"榜样",那么可能会带来负面的影响。比如,经常接触一些喜欢恶作剧、不顾及他人感受的人,学生就会在潜移默化中模仿他们的不良行为。学生在认知尚未完全成熟的阶段,难以清晰分辨是非对错,如果看到不良"榜样"的行为未受到惩罚或纠正,便容易认为此类行为是被允许的而加以模仿。

【对策建议】

为了培养并提高学生的交往能力,减少交友矛盾,班主任可以尝试以下一些方法。

1. 加强教育,提高安全意识

班主任可私下找喜欢恶作剧的学生谈话,探求他们行为背后的原因,让他们感受到老师对于其的关注和尊重;接着播放因为恶作剧而引发的安全事故的视频,让其谈谈看完后的感受;然后帮助他们一起分析恶作剧带来的不良后果,引导他们谈谈今后应该如何做,学会站在他人的立场看待问题,培养同理心;最后与这类学生共同制订明确、具体、可衡量的行为改进计划。例如:在一定时间内减少恶作剧的次数。老师要让学生明白生活中一些随意的行为,可能会给别人带来很大的伤害,不利于同学之间的和睦相处。老师的这种谈话一定要注重及时性,要做到及时发现,及时解决。

2. 家校相连,形成共育合力

班主任平时要多和家长沟通孩子在校的行为状况。教育部等十三部门《关于健全学校家庭社会协同育人机制的意见》中指出,学校是教书育人的主阵地,要认真履行教育教学职责,全面掌握并向家长及时沟通学生在校期间的思想情绪、学业状况、行为表现和身心发展等情况,同时向家长了解学生在家中的有关情况。班主任要告知家长孩子的淘气,喜欢对同学恶作剧以及可能带来的危害,以此引起家长的重视。教师要引导家长给予孩子更多的陪伴和关注,从而降低恶作剧发生的概率,让家长感受到老师对孩子的关心。学校要把做好家庭教育指导服务作为重要职责纳入学校工作计划,充分发挥学校的专业指导优势,切实加强教师家庭教育指导能力建设。

3. 主题班会,感受集体的重要性

主题班会活动课是进行集体教育的重要方式。主题班会课上,教师可以讲解"蚂蚁滚雪球"的故事,让学生谈谈感受,明白团结一致才能创造奇迹的道理。教师可以带着学生玩合作游戏。例如,组织"抱团取暖"的游戏。体验合作时相互支撑带来的喜悦,感受合作的力量。然后,教师可以举一反三,引导学生反思生活,领悟美好幸福生活需要人与人之间的团结互助才能实现。最后,教师带领学生一起发现班级存在的不团结、不合作的问题,共同寻求对策与办法,形成班级行为公约,并一起预防不利于班集体团结的事情的发生。

4. 心理辅导,提供个性化指导

教师对于那些恶作剧行为比较严重或持续存在的学生,需要采取更有效的措施。例如,可以寻求学校的心理辅导老师的帮助,为学生进行更专业的心理辅导。教师通过与学生进行一对一的交流,运用专业的心理测评工具等方式,制订出个性化的辅导方案。例如,对于因缺乏安全感而通过恶作剧寻求关注的学生,心理辅导老师可以帮助其建立自信,学会正确表达需求;对于因家庭环境影响而出现行为偏差的学生,老师要能够给予情感支持,引导其正确看待家庭问题。

【拓展延伸】

"6 秒冷静法"控制情绪

第 1 秒:深呼吸

第 2 秒:察觉自己的情绪

第 3 秒:停止正在做的事情

第 4 秒:转移注意力

第 5 秒:冷静思考

第 6 秒:做一些有助于情绪冷静的事情

二、我很喜欢"TA"

青春期的学生由于身心发育尚不成熟、学习压力大等原因,可能会对异性产生好奇与好感以寻求情感上的慰藉。如果处理不当,就会分散学习精力,影响学业成绩,甚至造成难以处理的感情问题,从而导致情绪波动,影响心理健康,还可能引发不良行为的产生等。

【情境案例】

小旭和小丽是邻居,从小玩到大,两个人很有缘分,从幼儿园到初中,都在一个班且成绩都名列前茅。两家大人相处得也很好,经常一起聚餐、旅游。

这种和谐的相处方式到了初二后却戛然而止。班级有一部分学生总是会起哄说他俩谈恋爱了,他俩只要在一起讨论问题,同学们就会在旁边"挤眉弄眼",背地里窃窃私语。

两个人觉得"身正不怕影子斜",可是随着同学们的议论多了,两个人也慢慢地不自然起来,开始刻意保持距离。直到有一天小旭生病没有来上学,小丽急匆匆地跑去小旭家看望他,两人短暂的尴尬后,开始倾诉这些天的失落和思念。家长也觉得两人之间的友谊似乎变了质,小丽和小旭也很迷茫,这到底是友情还是爱情呀!

【案例分析】

正值青春期的学生,由于身心的变化,开始对异性产生好感,渴望与异性交往。目前青少年异性之间的交往仍存在一些问题,如友谊界限模糊,交往方式不当,不知道该如何处理朦胧又美好的感情等。

1. 身心发展的需求

青春期是一个特殊的阶段,情感萌动是正常现象。在这个时期,男女生的生理发育致使激素水平上升,同时男女生在身体和性格上存在的差异,使得他们容易对异性产生好奇和好感。而青春期的学生往往心智尚不成熟,分不清好感与真正喜欢的区别。在交往中可能因为缺乏正确的引导,容易逾越异性交往的界限。比如,把过多的精力放在与异性的相处上而影响学业,或者在交往中做出超越年龄所限制的行为等。

2. 外部环境的催化与怂恿

男女生之间原本可能只是纯粹的友情,有时同学的起哄和家长的玩笑却成了外部的"催化剂"。长此以往,他们的内心逐渐泛起了波澜,对于彼此的交往和关系也开始感到迷茫,原本清晰的友情界限开始变得模糊,无法准确判断究竟是友情还是爱情。例如,同学的调侃让他们在相处时感到尴尬和不自在,家长的随意玩笑也会让他们对彼此的情感产生误解,进而影响正常的交往。

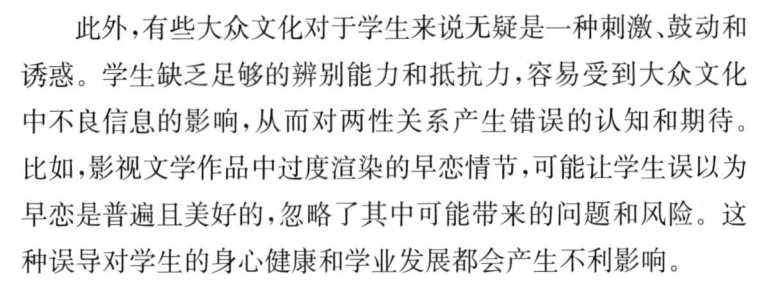

此外，有些大众文化对于学生来说无疑是一种刺激、鼓动和诱惑。学生缺乏足够的辨别能力和抵抗力，容易受到大众文化中不良信息的影响，从而对两性关系产生错误的认知和期待。比如，影视文学作品中过度渲染的早恋情节，可能让学生误以为早恋是普遍且美好的，忽略了其中可能带来的问题和风险。这种误导对学生的身心健康和学业发展都会产生不利影响。

3. 寻求更多的关爱

有的学生与异性交往亲密，超过一定的界限，可能是为了弥补在学校和家庭中的情感缺失。例如，在家庭或班级里，自己可能是一个"透明人"，不被父母或老师重视，做任何事都得不到老师和家长的关注，这时突然遇到一个对自己呵护、关心的异性，情感需求得到回应与满足，就会不自觉的想要亲近，寻求精神寄托。这也可能是老师和家长只关心学生的学习，不关心他们的心理和生理的变化，学生深层次需求得不到满足。

4. 情感教育的缺失

中学生受传统文化影响，情感表达相对比较内敛，再加上学校和家庭都很少对学生进行情感教育，导致学生在成长过程中没有掌握合理的交往方式和处理感情的方法。他们面对萌动的青春期情感，可能会感到迷茫和困惑，不知如何应对。比如，在与异性交往时，因缺乏正确引导，可能出现情感上的过度依赖或逃避等不健康的行为，从而影响自身的学习和生活。

【对策建议】

虽然渴望与异性交往符合青春期学生的生理、心理发展规律，但这绝不是学生身心成熟的必然产物。作为班主任，可以加强对于学生的管理与引导，掌握学生的心理发展规律，寻求一些解决问题的方法与策略。

1. 用友善表达关爱

班主任在进行辅导时,一定要以关爱和尊重为出发点。选择一个合适的时间和安静的地方,与学生进行友好且深入的交流。首先,要倾听学生的感受和想法,让他们感受到被尊重和被接纳。然后,温和地指出交往失当可能会带来的影响,如情绪波动、学习分心等,并结合实际案例进行分析,帮助学生认识到问题的严重性。最后,要引导学生树立正确的恋爱观,让他们明白现阶段的主要任务是学习。同时,教师也可以鼓励学生发展兴趣爱好,丰富课余生活,转移注意力。

2. 用共识确定原则

教师可以通过主题班会课或者团辅活动,与学生形成共同的认识,确定异性交往的原则。大致包括:一般不与异性单独相处过长时间;适度交往,注意男女有别;自然相处,保持独立,不要太过依赖对方,避免过于亲密而引起心绪波动;尊重对方且自尊自爱等。

对于不能与异性正常交往的学生要适当引导。教师可以组织学生一起观看微电影,并对剧中的早恋现象进行讨论,使他们理解不能够妥善处理美好的情感的危害,指导学生遇到类似问题时要学会寻求帮助。还要让学生明白青春很美好,选择很重要。

3. 用平和多加理解

逆反心理是指当个体面临来自外部或他人施加的压力、规定、建议和期望时,往往会产生与之相反的情绪、态度或行为。这种现象通常出现在个体自主权受到威胁的情况下,个体会有意或无意地反抗或忽视这些要求,以保护自己的独立性和自主权。在青少年时期,逆反心理表现得较为明显[1]。当家庭和学

---

[1] 高占民.青少年逆反心理【M】.天津:天津科学技术出版社,2021:209

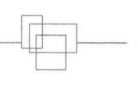

校等外界环境不能接纳早恋的学生,对他们不能容忍或过多地指责时,他们反而会更加亲密,相互取暖。这时,作为老师,不妨给予其理解和尊重,平时多给予他们关心,让他们明白异性交往失当的危害,明白正确交往的原则,把握好异性交往的尺度。

4. 用协同创设环境

学生的成长是学校、家庭、社会三方面协同育人的结果。因此,学校要加强图书管理,不利于学生学习的图书一律不准进入校园。同时与家长密切联系,做好对家长的指导,通过家长会、家长群等方式,向家长传递性教育的重要性和方法,形成家校合力,共同为学生提供正确的性教育。家庭在学校的指导下,教导好子女的交往问题,关注家庭影视作品内容的选择。学校和家庭需要向社会有关部门反映电视、电影、音像、文学作品存在的内容问题,向学生推荐一些适合他们年龄的性教育书籍、科普文章等,引导他们自主学习和思考。相关部门应对不良文化内容严格把关,发现不利于学生发展的要一律查处。

三、形成学习共同体

有些学生由于时间分配紧张、心理负担重等原因不愿意交友,导致社交能力下降,难以适应未来社会对人才的要求。由于长期缺乏情感支持而带来的孤独感,可能会诱发心理健康问题,如抑郁、自卑等。此外,过度专注学习而缺少人际互动,容易导致思维局限,缺乏多角度思考问题的能力,而且在遇到学习困难时,会缺少同伴的帮助和鼓励,不利于解决问题和提高学习效率。

【情境案例】

小李同学是高二(3)班的学习委员,学习成绩优秀,但他在班级新一轮班干部竞选中落选了,这让班主任很是疑惑。老师私下找了好几个同学了解情况,没想到同学们纷纷都说小李很自私,有难题问他,要么说没时间,要么说不会做,反正从来都不愿意帮助别人。久而久之,大家在学习上遇到困难时,宁愿不解决,也不愿意请教他了。

班主任找小李谈心,没想到小李满不在乎地说:"老师,说实话吧,学习委员做不做无所谓,到了高中,学业压力更大了,班级里的同学都是竞争对手,我在学习上帮助他们,不是给自己制造麻烦嘛……"班主任听了很是吃惊的说:"你怎么有这个想法?""这个想法很正常啊,爸爸、妈妈就经常告诉我说学习是第一位的,别的事情都可以放一边。"小李平静地说。面对小李的回答,班主任的心里久久不能平静。

【案例分析】

孩子进入初中、高中后,学习压力倍增,我们在中学的校园里看到的基本是匆匆的人群,听到的也都是匆匆的脚步声,而不是同学之间的逗趣嬉闹声。

1. 学业压力大

中学的大多数孩子为了应对繁重的学习任务,放弃了其他活动。日常由于时间紧迫加之学校严格的管理,使得他们几乎没有闲暇时光去与同伴进行更多的交流互动。比如,课余时间被各种作业和补习填满,连课间休息时间都要抓紧学习,根本没有机会和同学畅谈交流,嬉戏打闹。

2. 父母引导不当

很多家长望子成龙、望女成凤,一旦孩子升入初、高中,他们的精神就开始高度紧张。他们除了停掉孩子的一切兴趣班,还不断给孩子灌输这样的理念:"除了学习,你什么都不用管"。父母的不当引导，使得孩子觉得帮助同学是浪费时间，甚至是在培养竞争对手。这类学生将成绩看得过重，担心交往会分散精力，影响学习成绩。

3. 没有朋友交往

在生活中，部分学生面临着难以找到志同道合的朋友的困境。要知道，找到一个契合的朋友，对于一个人的生活、学习、工作都非常有意义。有些学生一心扑在学习上，放弃了社交；也有的学生由于性格等诸多原因，不擅长交往……就这样，随着情况逐渐恶化，他们也越来越难以融入集体，很难与他人建立联系。一些学生慢慢地只能独来独往，处于没有朋友的状态，有时候内心的情感也无处释放。

4. 心理负担过重

学习任务繁重使众多学生承受着巨大的压力，并由此引发了焦虑和烦躁的不良情绪。这些负面情绪如沉重的枷锁，使得他们缺乏与他人交流的动力和耐心。例如，面对即将到来的重要考试，学生们内心充满担忧，害怕成绩不理想。这种持续的焦虑让他们难以静下心来与同学友好交流，甚至对他人的友好交流表现出不耐烦；又或者是长期的学业竞争压力，导致他们情绪压抑，只要想到要和别人交流就感到烦躁。他们只想独自忍耐，封闭自己的内心。

【对策建议】

1. 帮助学生发现并解决问题

如果学校给予学生的学业负担过重，让学生在日常生活中不能从容，没有时间去和同伴交流，那么就要去思考如何提高学习效率，给学生真正减负。班主任要和任课老师一起协调学生的作业数量的问题，尽可能多的关心学生的学习状态及情绪变化，多倾听、多观察，提前发现问题。班主任要多开展一些丰富多彩的集体活动，让学生在集体活动中感受伙伴的重要性。同时在活动过程中，指导学生合理安排时间和精力，兼顾学习和交友。

2. 给予学生特殊的关爱

班主任对一些缺乏交往动力和耐心的学生，应当给予更多的关心和鼓励。这些学生由于各种原因，在人际交往中表现得较为被动和消极，这需要老师细心观察，努力发现他们的闪光点。比如，某次微小的进步，不经意间展现出的良好品质等。教师一旦发现此类情况，就可以在班级中公开进行表扬，让他们感受到被认可和被重视。通过这样的方式，能够极大地提升他们的自信心，让他们相信自己是有价值的，也有能力融入集体。

3. 慰藉学生心存善良的情理

教师找准恰当的时机，例如学生体育课做仰卧起坐时需要同伴压腿，文具没带需要向别人借用等，鼓励互助，营造交友机会与气氛。教师要适时在班级中展开集体讨论，达成如下共识：人是群居动物，人与人的合作是必然的；高考不仅仅是和班级的同学比，更是和看不见的"千军万马"比；同学之间相互合作很重要，在学习中互助互学，相互督促与补充，才能实现共赢；适当的社交不会影响学习，反而有助于缓解压力。教师还要帮助他们合理规划时间，开展相关活动，推进交往行为的发生。

4. 唤醒学生内在的交友需求

主题班会活动是集体教育的主要活动形式，能为学生提供互助、交流、探索等多种交友机会。班会中生生间的交流与沟通，大大加强了同伴之间的相互了解与理解，提升了他们对于朋友的认知与渴望，唤醒了他们对于朋友的情感需求。心理学研究发现，长期处于一个人的状态很有可能会导致慢性孤独，并伴随着很多慢性生理疾病的产生,如睡眠障碍、免疫反应减少、认知下降等。因此,教师要经常通过各种体、艺、劳等活动,营造交友的空间与氛围,训练交友的技巧,让学生越来越重视交友,越来越需要朋友,越来越擅长交友。

5. 家校联动构建健康支持系统

家庭和学校教育有一个共同的目标,那就是以学生为主体,把孩子培养成身心健康、对社会有用的人。教师要有同理心,感受并理解家长的想法。教师在和家长沟通时,要能理解父母望子成龙、望女成凤的心情,在尊重、理解的前提下,展开家校之间的沟通交流,一起谋划行动方案,指导孩子在学习之余学会与同伴交朋友。学校也有责任针对不同年龄段孩子的交往情况,组织家长讲座或者是研讨,纠正家长"只重学习、不顾其他"的教育理念;家校达成共识,共同探索、鼓励、指导、帮助学生在学习之余进行正常的社交活动,正确地交朋友;家校联动,形成同向同行的育人合力,构建有利于学生友好交往、健康生活、全面成长的支持系统。

【拓展延伸】

1. 阅读《北京折叠》

推荐理由:主人公梦梦说,"虽然我不能像他们一样出国,但总有一天,我也要靠自己出国留学,就算晚一点,也没关系,到那个时候,我会再把自己好好养一遍"。这让我们明白人生要有一定的松弛感,学习不是生活的全部。如何才能从相互比较的焦虑中走出来,考验着不同孩子的心理韧性。

2. 组织团建

活动一:接力拼图大挑战。

活动目的:通过团队协作完成拼图任务,培养团队合作和沟通能力。

规则：

(1) 将班级学生分成若干小组，每组人数相等。

(2) 每组会得到一幅打乱的大型拼图。

(3) 小组成员需要接力完成拼图，每人只能完成一部分。

(4) 完成拼图用时最短的小组获胜。

活动二：拔河比赛

活动目的：通过力量的较量和团队的协作，激发团队的斗志与合作意识。

规则：

(1) 各小组选出代表参加拔河比赛。

(2) 比赛采用淘汰赛制。

(3) 在比赛中，必须遵守拔河比赛的规则，不得违规。

第四节　培养小兴趣

近年来，随着国家和社会对于人才综合素养的关注，学校教育在德育为先和立德树人的基础上五育并举，不断丰富德育、智育、体育、美育、劳育等课程，并大力提倡跨学科学习和项目式学习，以此培养学生的学习兴趣和学习能力，培育核心素养。

一、热爱劳动避"高分低能"

当今社会竞争激烈，升学压力与日俱增，越来越多的父母不自觉地将学习作为学生生活的全部，要求孩子"两耳不闻窗外事，一心只读圣贤书"。学习固然是重要的，但基本的生活技能、独立自主意识、创新意识、社交能力等综合素养同样不可或缺。只求"高分"的教育可能会让孩子在学生时代走得很顺,但在人生的道路上未必能够走得很远。

劳动教育是孩子在学生时期必须接受的重要教育内容之一。它不仅可以使学生获得必备的生存能力,而且有助于培养学生独立自主的意识和高尚的道德品质。

【情境案例】

魏某的母亲存在"万般皆下品、唯有读书高"的执念,魏某从很小的时候就开始识字、背古诗。上学后几乎天天被禁锢在家中学习,不能出门玩耍。后来,母亲更是辞掉所有工作专心陪读。为了儿子能有更多的时间读书学习,她几乎包办了儿子的所有生活事务,大到洗衣、做饭、上下学接送,小到洗澡、洗脸、挤牙膏,甚至魏某读高中了还亲自喂他吃饭。

魏某在学习上也没有辜负父母亲的期望,小学连跳几级,八岁便进入县重点中学读书,成绩名列前茅。但与此同时,他也丧失了基本的人际交往和生活自理能力,这些问题在他独自前往外地求学时逐渐凸显。他无法脱离母亲而独立生活,曾在寒冷的冬天穿着单衣在街上行走,被同学视为异类。他更无法与老师、同学沟通交流,这些问题最终导致他被寻取单位劝退。

【案例分析】

2023年9月,中国青少年研究中心发布的《中国青少年发展报告》显示,我国学生参与家庭劳动的时间普遍偏低。

1. 家庭教养理念错误,阻止孩子参与劳动

很多家长认为没有必要让孩子从事体力劳动,学生的本职工作是学习,就应该把所有的时间和精力都放在学习上,而劳动

是家长的事情，学生不学习而去劳动，是"不务正业"，浪费时间。这种错误的观念忽视了劳动对于学生能力、情感与品格培养的重要性，使得孩子渐渐远离了劳动，不愿意劳动，甚至不会劳动。

2. 学校劳育机制不健全，劳动实践活动不多

大部分学校对于学生的劳动教育没有建立起一个有效的机制，缺乏专任劳动教师和培养计划，缺乏与劳动相关的评价体系。校园中，部分老师把劳动当作"惩罚"的现象仍然存在。如："上课不听讲，罚放学后扫地；没戴红领巾导致扣分，罚擦黑板一周"等。原本光荣的劳动，在这里成了"惩罚"的代名词。这将会导致学生对劳动产生厌恶和抵触情绪，进而逃避劳动。

随着教育资源不断优化，教学环境和条件不断完善，以及校工、清洁工、家长义工的加入，学生的劳动机会减少，劳动形式受到限制，很多同学连擦玻璃的机会都没有了。应试教育、考试升学的压力造成了师生、家长重学习轻劳动的现象。学校安排劳动教育课程的课时和质量大打折扣，更没有机会组织学生进行定时、定点的劳动实践和社会公益服务，劳动内容最多也就是班级值日和校园大扫除。

3. 社会导向不明，亚文化乘虚而入

近年来网络"丧文化"盛行，"躺平""佛系""内卷"等亚文化广泛传播，对青少年的理想信念和价值取向产生了消极影响，学生不再认同劳动最光荣。社会上大街小巷、公园广场和道路两旁，有关劳动的宣传标语、科普知识、劳动模范、先进事迹等资讯较少，社会对于劳动文化的宣传和重视不足，导致学生对于劳动的认知渠道狭窄，认知内容有限。再加上社会普遍认同高学历，这种片面的成功观和用人标准也在一定程度上影响了青少年对于劳动的看法，削弱了青少年主动劳动的意识。

【对策建议】

教师要高度重视劳动教育,要从培养学生对于劳动的兴趣开始。

1. 增进劳动认同

学校可通过家长会、家长学校、家长开放日、"给家长的一封信"等方式,向家长普及劳动对于学生身心发展的价值和意义;[1]定期举办特色劳动活动,邀请家长参与其中,观看学生的劳动过程,分享学生的劳动成果,感受学生的进步,见证学生的成长,由此促使家长对劳动形成积极正确的认识。鼓励家长通过家务分工、家庭劳动日等形式和孩子一起劳动,培养孩子热爱劳动的情感,增强孩子的劳动能力。

2. 增加技能训练

学校应根据学生人数配齐、配足专职劳动教师,注重专兼职劳动教师的专业培训、考核和晋升等。还可聘请不同行业的优秀工匠、非物质文化传承人、经验丰富的农民和技术工人等担任指导教师,确保劳动课程开足开实。[2]

学校可以定期开展一次劳动技能竞赛,评选出一批劳动技能先进分子,在全校范围进行宣传和表彰,促使学生主动培养自己的劳动兴趣爱好。学校还可以将劳动教育与其他学科融合,丰富学科的作业形式,增加学科作业中的劳动任务和动手机会,从而增加学生劳动实践的机会。

3. 培养劳动习惯

老师可以通过班级黑板报、宣传栏、文化墙等,普及与劳动

---

[1] 周爽.依托劳动课程任务群提升学生劳动素养——基于《义务教育劳动课程标准(2022年版)》[J].辽宁教育,2022(17):33.
[2] 中华人民共和国教育部.义务教育劳动课程标准[Z].北京师范大学出版社集团,2022:42.

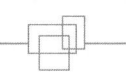

相关的知识技能,介绍劳动模范及典型事迹等,营造浓厚的劳动文化氛围,培养学生热爱劳动的情感。教师可以设置相应数量的劳动岗位,让学生根据自身实际和喜好,选择一个劳动岗位,并采用多种形式进行考核评价,激发学生的劳动兴趣,培养学生坚持劳动的习惯。还可以将热爱劳动,坚持劳动,善于劳动的"劳动标兵"和不会劳动、懒得劳动的"劳动困难户"两两结合,指导同伴之间开展劳动交流和互助,帮助所有学生掌握基本的劳动技能。

【拓展延伸】

切实保障劳动安全

劳动安全包括劳动环境安全和劳动过程安全。针对劳动环境,教师应事先评估劳动场所和设施的安全性,制订风险防控预案,完善应急与事故处理机制。同时,帮助学生树立劳动风险意识,提升应急处理能力,增强安全性判断和安全防护等方面的基本能力。劳动过程要以安全、适度为原则,合理安排劳动任务的强度和时长,制订详细、科学的操作规范,加强岗位的管理,明确各方责任,防患于未然。此外,还要注意提醒学生,在集体活动中不要掉队,不要擅自离开集体,注意自己的人身和物品安全等。[1]

二、合理运动为身心"减负"

体育锻炼在促进青少年身心健康中扮演着重要角色。科学适度的体育锻炼可以帮助青少年提高身体素质,改善睡眠质量,

---

[1] 中华人民共和国教育部.义务教育劳动课程标准[Z].北京师范大学出版集团,2022:47.

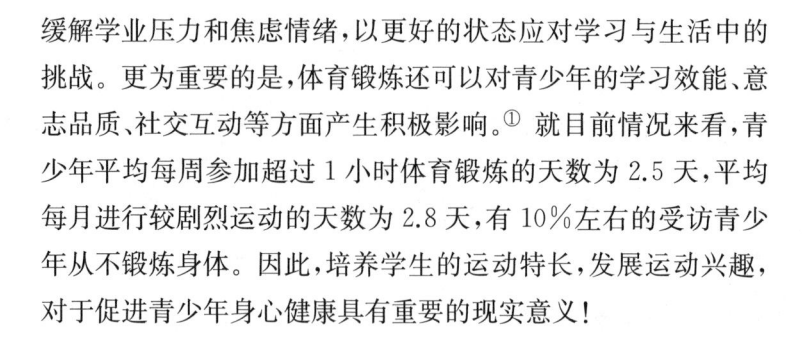

缓解学业压力和焦虑情绪,以更好的状态应对学习与生活中的挑战。更为重要的是,体育锻炼还可以对青少年的学习效能、意志品质、社交互动等方面产生积极影响。[①] 就目前情况来看,青少年平均每周参加超过1小时体育锻炼的天数为2.5天,平均每月进行较剧烈运动的天数为2.8天,有10%左右的受访青少年从不锻炼身体。因此,培养学生的运动特长,发展运动兴趣,对于促进青少年身心健康具有重要的现实意义!

【情境案例】

临近中考,同学们的学习强度越来越大,初三(5)班整日弥漫着紧张的气氛。从早上6:40开始早读,到晚上8:00晚自习下课,一天十几个小时,很多同学除了吃饭、上厕所外,其余时间几乎一直闷在教室里。

看着同学们厚厚的镜片、空洞的眼神和缺乏生机的面容,班主任小张十分心疼却也爱莫能助。作为刚毕业就走上工作岗位的新教师,他深知升学和就业的不易。但这种"苦行僧"式、一味耗时耗力的学习方法真的能有好的学习效果吗!

一天下午自习课,小张老师照例带着一套练习试卷走进班级,可看到同学们痛苦的表情,小张老师心软了,他下意识地将练习试卷藏到身后。初春的阳光显得格外明媚,鸟儿叽叽喳喳地叫个不停。小张老师看了看窗外,突然兴奋地说:"同学们,听说运动不仅可以释放压力,还能促进大脑发育,提高记忆力和专注力。今天天气这么好,不如我们去操场上出出汗,晚上再做练习题吧!"同学们立刻欢呼雀跃。

到了操场上,小张老师首先提议大家跑两圈,做做准备活

---

① 顾宁.运动有助青少年释放学习压力[N].中国体育报,2024-01-11.

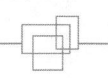

动,听到这个消息,同学们犹如"五雷轰顶",不约而同地叫了一声:"啊?"小张老师愣了一下,其中一个同学心直口快地说:"老师,跑步累死了,还不如让我们回去写作业呢!"

"那你们有什么想法?"小张老师说。

"不如分小组活动吧!"同学们七嘴八舌的说。

小张老师听从了大家的建议,把同学们分成"篮球组""排球组""羽毛球组""跳绳组",又给每个组分配了小组长,然后带着篮球组的同学去运动了。谁知还不到五分钟,就有小组长陆续来报:

"老师,有几个人偷偷跑回班级写作业了。"

"老师,他们根本不想跳绳,都跑去树荫底下聊天了。"

……

小张老师巡视了一圈,确实如此,可作为过来人的他完全理解孩子们为什么会这样。一节课很快结束了,也就是篮球组的同学实实在在地运动了。看到那几个打球时酣畅淋漓、回来时谈笑风生的孩子,小张老师多么希望其他同学也能像他们一样充满激情与活力。

【案例分析】

学生为什么明明知道运动对于身心健康有诸多好处,可真正到了体育课上却动不起来呢?

1. 懒:运动本身就很辛苦

我们常见的体育锻炼如跑步、跳绳、仰卧起坐等,需要付出较多的体力,因此部分孩子不喜欢体育锻炼是正常的。根据"学生体育锻炼与生活方式"问卷调查结果显示,全国汉族中小学生不积极参加体育活动排名前三的原因是:(1)怕累、怕吃苦(55.8%);(2)没有养成参加体育锻炼的习惯(36.9%);(3)认为没必要(24.6%)。其中,不喜欢参加长跑锻炼排名前三位原因是:(1)怕累、怕吃苦(72.1%);(2)不喜欢,枯燥无味(50.3%);(3)没有时间(30.1%)。①

2. 忧:时间不足,只够学习

如今的中学生,面临着繁重的学业负担,很多同学只是家庭作业就要写到晚上十一二点钟,另外还要应对各种培训班的学习任务,这导致他们身心俱疲,没有时间,更没有精力进行体育锻炼。同时,这样长期久坐、缺乏锻炼的现状,又会导致学生的运动能力下降。

3. 限:重视学业不让运动

升学和就业的压力也在无形中对父母的养育理念产生影响,坚定"万般皆下品,唯有读书高"信念的家长不在少数。很多父母已不满足于课后补习,越来越多的家长选择自己在家"卷孩子",和孩子一起足不出户,"闭关修炼"苦学习。这种错误的养育观念和不良生活习惯,耗费了孩子大量的精力,占用了大部分课外活动时间,忽视了户外活动和体育锻炼对于学生成长的重要意义。

4. 诱:电子产品代替运动

近年来,科技的进步,生活水平的提高推动电子产品不断普及,新的休闲娱乐方式不断冲击学生的生活。电脑、手机、平板、电话手表等,这些电子产品对于当代中小学生来说触手可及,抖音、微信、QQ之类的网络通信,再加上各类APP,学生使用起来也是得心应手,越来越多自制力薄弱和缺乏监管的孩子沉溺于手机网络,从而远离了户外活动和体育锻炼。

---

① 宋逸.2010年全国中小学生体育锻炼行为现状及原因分析[J].北京大学学报(医学版),2012(3):352.

【对策建议】

我们要培养学生对于体育运动的兴趣爱好,从而改善他们身心的亚健康状态,提高身体素质,培育意志品质。

1. 有趣味:开设菜单式体育课程

学校传统的体育课程普遍是"准备活动—跑两圈—自由活动"的上课模式,形式单一,内容枯燥,长此以往极易磨灭学生对于体育课程的兴趣。为提升学生对于体育课程和体育锻炼的科学认识与浓厚兴趣,学校每学期可以结合体育教师的特长,因地制宜的开设丰富多样的菜单式体育课程,诸如游泳、轮滑、乒乓球、羽毛球等,供学生选择,满足学生多样化的运动需求。同时注重体育项目的专业指导,在增强学生认知,提高学生兴趣的基础上,指导学生掌握科学的运动方法和技能。

2. 有竞技:开展丰富的体育活动

通过开展丰富多彩的体育竞赛活动,如以学校为单位,每学期开展一次春季/冬季运动会;以年龄段为单位,每月组织一场足球赛;以年级为单位,每周开展一次篮球赛;以班级为单位,每天开展一次运动比赛(跳绳/跳远/100米跑),每周更换一个运动项目等。虽然内容简单,但通过竞技的形式展开,不仅可以在全校范围内营造浓厚的竞技体育氛围,激发学生热爱体育运动的热情,还可以借此契机提升学生的运动能力,展示学生的运动特长,促进青少年社交和人际关系的发展,培养学生的拼搏奋斗精神,提升学生的抗逆境和抗挫折能力。

3. 有支持:家校协同联动

家长是学生的第一任老师,积极的家庭教育氛围对于培养学生的运动兴趣具有重要的推动作用。班主任可以通过家庭教育讲座、亲子运动会、家庭教育资讯分享等方式,普及运动对于青少年生长发育和身心健康的积极意义,引导家长重视培养学生的运动兴趣和运动习惯。鼓励家长在课余时间带孩子体验不同的运动项目,发掘孩子的运动特长,培养孩子的运动爱好。并通过和孩子一起制定运动计划,采用亲子陪伴运动等方式,帮助孩子养成运动的习惯。

4.有榜样:教师家长以身作则

教师是学生的一面镜子,在学生的成长过程中扮演重要角色。身教重于言传,教师也应该为学生树立一个热爱运动、健康生活的榜样。教师可以结合自己的运动爱好和运动特长,利用课余时间邀请学生一起运动。如:课余时间邀请学生一起打羽毛球、乒乓球;体育课期间走到学生中间去,组织同学们进行一场篮球比赛;课间十分钟参与学生的跳绳活动等。这不仅能在无形中培养学生对于体育运动的兴趣,逐渐养成体育锻炼的习惯,还有利于增进师生关系,促进学生身心的健康发展。

三、爱好艺术为生活添彩

我们的学校教育,过分追求学业成绩,对于艺术爱好的培育不够重视。有83.8%的学生不认识简谱,有88.4%的学生缺乏乐理知识,有91.4%的学生不认识五线谱,能熟练掌握某种乐器的人数不足3%。[①]《教育部关于全面实施学校美育浸润行动的通知》(教体艺〔2023〕5号)中提到,要大力推进艺术教育教学改革。义务教育阶段学校要积极提供多样化、个性化的艺术选修课程和课后服务,帮助学生通过在校学习掌握1—2项艺术专项特长,满足学生的兴趣特长发展需要,培养学生的艺术兴趣爱

[①] 连赟.普通高校艺术素质教育存在的问题及应对策略[J].教育科学,2023(12):59.

好,学会用艺术丰富生活、表达自我,这对于提升学生的艺术素养、审美素养、幸福感受力等都具有重要意义。

【情境案例】

小苏同学很有才艺,活跃在学校各大社团之中。高二暑假,她担任主演的情景剧获得了某市一等奖。转眼进入高三,小苏的成绩逐渐下滑,小苏的妈妈认为是情景剧的排练过多占用了孩子的时间和精力,影响了孩子的学习,她坚决反对小苏再参加任何活动。然而,市里来了通知,邀请获奖的情景剧两周后参加全省的展演。临时换主演已经来不及了,班主任联系了小苏的妈妈,小苏的妈妈态度异常坚决:"孩子 11 月初就要选考了,请你们放过她吧,不然你把校长的电话给我,我和他说。"班主任一方面非常理解小苏妈妈的心情和选择;另一方面又为小苏感到可惜,不知如何是好。

【案例分析】

小苏的妈妈代表的是当下大部分明知艺术教育很重要,却又被应试教育"绑架",变得心情焦虑的家长们。艺术教育在高中阶段被家长"避之不及"的原因有很多。

1. 对艺术爱好认知不足

部分学生和家长对于艺术爱好的认知不足,认为艺术爱好属于审美和娱乐的范畴,仅供娱乐消遣,和学生的成长关系不大,过分沉迷其中会耽误文化课程的学习,影响孩子的未来发展。这种狭隘的认知忽视了艺术爱好对于培养学生思维力、创造力以及审美能力的影响力。

2. 学校艺术教育资源有限

大部分中小学校艺术教育资源不足,教学条件受限,且学校的艺术专职教师配备不足,兼职教师缺乏专业素养和敬业精神,再加上缺乏合理的考核评价制度,导致艺术教育流于形式,艺术课程变为自习课或活动课的现象时有发生。

3. 艺术学习兴趣不足

受"应试教育"的冲击,学校的艺术课程一直以来被当成"副课"而不受重视,尤其是临近期末考试阶段,常常被语、数、外等任课教师以各种理由占用。艺术学科教师对自己的课程也缺乏系统的规划和设计,导致学生对于艺术课程缺乏思想上的重视,行动上的体验,久而久之就失去了兴趣。

【对策建议】

我们该如何激发学生对于艺术的兴趣,培养学生拥有一项艺术爱好呢。

1. 优化课程设置,让学生愿意学习

学校应因地制宜,根据师资和财政实际,开展学生喜欢的艺术选修课程和课后社团服务,帮助学生通过在校学习掌握1—2项艺术专项特长,满足学生的兴趣特长发展需要,提高审美情趣。除了课堂教学之外,还可以通过定期举办丰富多彩的艺术活动和艺术竞赛,丰富学生的课余生活。[1] 如:二月班徽设计活动;三月心理情景剧展演;四月乐器进校园;五月歌唱比赛;六月绘画展览等。学校要为学生提供展示自我的舞台,增强学生的艺术自信,也可将艺术与其他学科融合开展艺术实践,如将心理课与美术绘画、漫画评比等结合,古诗词教育与吟唱相结合,增加学生的艺术实践力和对美的感知力、表现力。

---

[1] 连赞.普通高校艺术素质教育存在的问题及应对策略[J].教育科学,2023(12):60.

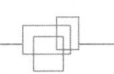

2. 提高教师素养,让学生乐于学习

所谓"亲其师、信其道",艺术教师便是艺术的形象大使。为此,学校要注重对艺术教师的培养和宣传,为艺术教师提供专业发展的平台和展示自我的舞台。在教师的示范与带领下让学生对艺术心生向往,自然而然地爱美、求美,产生对艺术学科的兴趣和热爱。

3. 营造艺术氛围,让学生喜欢创作

学校要丰富校园文化、班级文化中的美育元素。校园的建筑雕塑、花草树木、色彩造型等,教室里的座位摆放、墙面布置等,都要令生活在其间的师生感受到美与和谐,感受到舒适与优雅。学校要定期为学生的艺术创作提供展示的舞台,以此来培养学生欣赏美、创造美的能力。

4. 引导家庭美育,让学生随处可学

学校可通过家长会、班级群、"致家长的一封信"等形式向家长普及艺术教育对于学生成长的积极意义,提高家长的认知;邀请家长参加学校的艺术节、文化节,感受学生在艺术方面取得的成绩;定期向家长汇报学校艺术教育的成果,以获得家长的信任和支持。倡导家长在节假日带学生参观博物馆、美术展,参加音乐会、读书会等活动,让学生的生活沉浸在美的氛围里,生活里处处有美育,时时可以学习和创作。

【拓展延伸】

高中艺术节活动方案

一、主题

提高综合素质,培养创新人才

二、目的

1. 营造校园艺术氛围,提高学生的艺术审美和艺术认同。

2. 搭建展示才艺的舞台,增加学生的艺术自信和艺术修养。

3. 增加艺术实践,巩固艺术教学成果。

三、活动时间

××××年×月

四、活动内容

1. 高一年级:课本剧/心理剧

内容要求:内容符合健康向上的校园文化,选择人物形象鲜明、情节曲折、矛盾冲突剧烈、环境典型的名著,表现社会生活的各个方面,同时也要紧扣主题。

表演要求:人物语言、动作符合人物性格,在情节、矛盾冲突的展开中完成主题,展现我校学生较高的表演才能。

2. 高二年级:文艺汇演

内容要求:反映学生热爱祖国、奋发向上的精神风貌,体现时代特征、校园特色、学生特点和年龄特征,弘扬中华民族优秀的文化传统,体现思想性与艺术性的统一。

形式要求:包括歌舞、器乐、舞蹈、课本剧、诗朗诵、小品、相声、短剧等,力求形式多样、百花齐放。

时间要求:每班准备一个参赛节目,根据不同形式编排节目内容,时间限制在8分钟以内。

3. 高三年级:师生美术、书法作品展

展出内容:师生选送的书法、绘画作品形式不限,国画、水粉画、水彩画、装饰画、剪纸、白描、素描、硬笔书法、毛笔书法均可,国画或书法规格不大于四平尺,最小不低于4开纸。各班选送的作品需注明班级和姓名,不少于5幅,经班主任确认后,于规定日期送交美术办公室。

展出地点:图书馆一楼大厅。

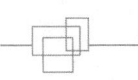

五、评奖

各年级奖项设一等奖 2 个、二等奖 6 个、三等奖 8 个。

六、评委

团委、学校艺术组、学生会文艺部的相关老师。

第五节　学会管时间

有效的时间管理可以帮助学生更好地安排学习、休息和娱乐的时间，避免拖延和浪费，增强学习动力，提高学习投入度。同时，良好的时间管理也可以培养学生的责任感、自律能力和组织能力，帮助他们更好地适应学习和生活的节奏，为未来的发展奠定坚实基础。

一、告别"拖延症"

"拖延症"如同一只隐形的怪兽，悄无声息地吞噬着我们的时间。它不仅影响我们的工作和学习的效率，还会给我们的生活带来压力和不适。因此我们需要采取有效的行动，从时间管理入手摆脱"拖延症"，告别"寒号鸟"式的悲剧。

【情境案例】

自习课上，大家都忙着订正作业，可这对于心怡来说真的太难了！她把桌子擦了又擦，书本理了又理，钢笔的墨囊换了又换，才慢吞吞地拿出订正本，艰难地落下第一笔。写着写着，她突然发现钢笔坏了，于是拧开钢笔盖子修钢笔，等她修好钢笔，10 分钟的时间已经悄悄溜走，而她连一题都还未完成订正！过了一会儿，她又听到同桌看书时的嬉笑声，自己忍不住偷瞄。不知不觉，她也被书中的故事吸引，看得入了迷，直到下课铃声响起，她才回过神来，一看，作业还没有订正！这时她才慌张起来，火急火燎地拿起笔唰唰写起来。

放学回到家，心怡玩起来就忘记了时间，等她吃完晚饭已经是8点了。在妈妈的催促下，心怡终于打开了作业本，可是她一下子犯难了，是先朗读还是先听写？是先写计算题还是先写日记？她又开始坐立难安了。只见她一会儿站起来找东西，一会儿跑到客厅喝水，一会儿又要去厕所。就算坐在书桌前，心怡也能扣着手指玩半天。直到夜深了，在妈妈的责备声中，心怡才开始认真写作业。

【案例分析】

生活中像心怡这样做作业磨蹭的学生不在少数。这些学生不能很好地管理自己的时间，养成了拖延时间的坏习惯。学生一旦养成拖延习惯，就很难从中快速挣脱出来，拖延带来的负面影响，会引发他们的焦虑和习得性无助，严重挫伤他们的自尊心和自信心，也会使他们产生厌学等情绪。

1. 时间管理能力不足

许多学生在时间管理方面的能力相对较弱，他们通常缺乏时间感知能力，也没有形成合理的学习和娱乐的时间安排。对于一些学生而言，作业和学习任务的难度一旦超出了他们的预期，他们往往会选择逃避和拖延，会认为"还有时间"或者"可以晚点再做"。此外，有些学生常常对学习任务感到无从下手，缺乏将其拆分成不同组成部分的能力。因此，当他们面对多重学习任务时，会感到很无助。

2. 学业存在心理障碍

中小学生的心理发展正处于关键阶段,他们的心理素质仍待提高。当他们面对一些较难或者生疏的学习任务时,他们会感到困难并由此产生紧张、焦虑、厌烦和恐惧等情绪,这些负面情绪使他们面对学习任务时会感到无所适从,进而产生逃避心理。所以,他们往往会选择拖延时间,将学习任务推迟到最后一刻,以消除眼前的压力。

3. 学习缺乏兴趣和动力

学生在学习上的动力和兴趣是影响其执行力的重要因素。如果学生对学习内容感到无趣或无法理解,可能会表现出明显的拖延倾向。缺乏内在动机的学生,更不愿意主动投入学习之中。如果学生对自己的学习和生活缺乏明确的目标和计划,当他们面对大量重复、枯燥的任务时,他们会心不在焉,提不起学习的兴趣,更不愿意采取积极的行动,时间就在这样的散漫状态下被大量浪费了。

4. 日常缺乏自律的好习惯

一些学生自我管理能力不足,自控力较弱,做事情时容易被周边环境影响,同学的交谈或其他不相关的事情,都会使他们的注意力分散,更别说是手机、游戏、电视等的诱惑和干扰。面对学习任务时,他们缺乏自律,一旦被周边事物吸引注意力,便会忘记自己应该做什么,待学习任务无法逃避时,才匆忙赶进度。长此以往,学生就容易养成学习分心的坏习惯,不能严格地自我管理,做事变得拖拉。

【对策建议】

班主任要培养学生的时间管理能力,提高学生的学习效率,帮助他们合理安排学习和生活,改掉拖延的坏习惯。

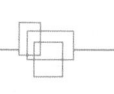

1. 提高学生的时间感知能力

如果要培养学生时间管理的能力,就先要让学生感知时间。班主任可以带领学生通过"一分钟体验"活动感知时间,如一分钟跳绳、一分钟写字、一分钟阅读、一分钟跑步、一分钟整理书包等。让他们在体验活动中清晰认识到一分钟有多久,可以做多少事情。如果把一分钟放大到一个小时、一天、一年,又可以完成多少事情,进而让学生从内心深处感知时间是什么,时间为何如此重要,树立正确的时间观念,学会珍惜时间。

2. 增强学生的时间规划能力

班主任可以教给学生时间规划的方法和策略,引导学生制定每日时间规划表,帮助学生梳理一天需要完成的各项任务,将不同类别任务区分出来,进行合理的时间分配。

班主任可以教给学生"时间四象限法则",引导学生把所有要做的事情划分成:重要且紧急、重要不紧急、不重要但紧急、不重要不紧急四个部分。为了增加学生的直观体验,可以把事情按照轻重缓急填写在颜色由深到浅的便签纸上,粘在四象限表格中。第一象限都是重要且紧急的事情,要鼓励学生在产生畏难情绪之前立刻去做,这样能够有效地改善拖延习惯。可以将吃饭、运动、睡眠等事情列入重要但不紧急的第二象限,这样有助于学生将生活中的很多紧急事情扼杀在摇篮里,避免慌乱和焦虑情绪的产生。第三象限的事情,对学生而言是并不重要的小事情,但也要有时间的限定,这一类事也可以交由别人去做。第四象限代表的是浪费或者消磨时间的事情,学生可以减少或者尽量不做。

3. 使学生内化时间管理策略

班主任可以为学生开展多种体验活动,进行时间管理训练,帮助学生内化时间管理策略,设计关于时间管理的项目化活动。

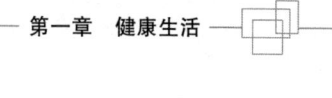

例如，设置多个时间管理项目的主题，每个主题下开展多项时间管理学习任务，每个任务要设置一定的达成目标，且这些目标要呈现螺旋式上升的趋势。教师依据项目策划要求，开展丰富的实践活动以加深学生对时间的认知，建立起正确的时间观念，强化时间管理意识。

在项目化的体验活动中，教师要鼓励学生将时间管理的感想、经验或创意灵感，用文字的方式记录下来，采用互相交流经验、分享感悟的方式，让学生互相点评、学习借鉴、彼此督促、共同进步。

4. 培养学生的时间管理习惯

教师要想培养学生的时间管理习惯，还要对他们的时间管理方法和行为进行科学评价，这样才能让学生认识到不足之处，以便及时改正，从而促进习惯的巩固与养成。班主任可以带领学生共同制订多元评价的量化表格，从多个维度进行评定打分；学生可以邀请同伴、老师和家长对自己的时间管理情况进行多方面的、更全面客观的评价。

【拓展延伸】

番茄钟

1. 一个番茄钟包括 25 分钟学习时间和 5 分钟休息时间，预估每一项任务所需要的番茄钟。

2. 开启第一个番茄钟，在这个番茄钟时间段内，我们不可以做任何与该任务无关的事情。

3. 番茄钟钟声响起就在纸上画一个记号，用于统计我们完成的番茄钟个数。同时，可以对在前一个番茄钟内完成任务的情况进行评估，从而根据实际需求调整下一个番茄钟的任务内容，或者番茄钟的时长。

4. 每四个番茄钟过后，停止学习，进行一次大约15到30分钟的休息。

二、课余时间巧安排

学会有效利用课余时间对学生的成长与发展至关重要。随着学业负担的加重和生活节奏的加快，如何合理安排课余时间，提升学业成绩，培养兴趣爱好，形成积极健康的生活方式，成为许多学生面临的挑战。

【情境案例】

"双减"政策实施之后，子宏发现自己的时间突然变得充裕起来。在学校时，跟着老师布置的任务一项项学习下去，子宏觉得日子过得忙碌又充实，学到了很多知识。现在放学回家后，再也没有写不完的作业，节假日也不用应付大大小小的培训班课业了！一开始，子宏还有些无所适从，完成作业后也不知道该做什么，他总是在家里发呆。但时间久了，子宏就感觉挺无聊的，尤其在周末，虽然自己一直在忙，但总感觉也没做什么事情，一天的时间就在浑浑噩噩中过去了。

最近，班级里涌起了一阵"手机热"，同学们使用手机建立一个又一个微信群。大家在群里插科打诨、分享心情、漫谈趣事，别提多恣意快活了！手机就像一个潘多拉魔盒，给子宏打开了一个又一个新奇的世界。子宏沉浸在手机中，再也感觉不到时间的漫长无聊，有时候在沙发上一躺就是一整天，连吃饭都要爸妈三催四请。妈妈看到子宏这种状态很是担忧，为此与子宏争论了很多次，她不停劝子宏利用好课余时间查缺补漏，攻克自己学习的薄弱环节，这样才能更好地提升自己的成绩。可是子宏很生气地说:"白天在学校还没学够吗？我都那么累了,现在好不容易拥有自己的时间,我为什么不能做自己喜欢做的事情？"

【案例分析】

2021年7月,中共中央办公厅、国务院办公厅印发的《关于进一步减轻义务教育阶段学生作业负担和校外培训负担的意见》中明确提出:"提高学校课堂教学质量,提升学生在学校的学习效率。""双减政策"的目的是为了让学生更高效地学习、更好地发展自己,培养全面发展的人。但是,当可自由支配的时间变多后,学生为什么会无所适从呢！

1. 缺乏自主管理时间的习惯和经验

学生的学习和生活几乎被老师和家长精心安排过了,几乎没有自我管理的空间。学校的一切活动,包括课程安排、课后辅导及作业都被严格规划,学生们的时间表总是被填得满满当当。因此,他们逐渐养成了对外部安排的依赖,缺乏独立自主的能力,学生的自主性受到了压制,他们往往只是被动地接受安排,没有机会主动分配自己的时间。因此,一旦面对突然增加的自由时间,许多学生会表现出迷茫,不知如何有效地规划和管理。

2. 个体自制力不足及同伴的影响

学生的自制力相对较弱,容易受到同伴和周围环境的左右,从众心理尤为明显。一方面他们希望能够表现出独特的个性,追求标新立异;另一方面,他们又害怕与集体产生距离,担心被排斥或孤立。因此,学生在面临选择时,往往会倾向于迎合同伴的需求。随着自由时间的增加,同伴间的影响也会更加突出。当周围的同学选择利用这段时间进行玩耍和娱乐时,许多学生出于对集体认同的渴望,就会盲目加入其中。虽然这种行为能暂时增强他们的愉悦感,但长此以往就会导致他们对于学习和自我提升的忽视。

3. 手机使用不自律和网络的诱惑

电子产品渗入学生的日常生活,为学生提供了便利且丰富的娱乐活动。学生们面对琳琅满目的社交软件、在线视频和游戏,很难抵挡住它们带来的快乐与刺激。如果在学校和家庭的监管下,学生可能就会有所克制,能够合理安排自己的学习与娱乐时间,一旦失去监控和引导,他们往往会被各类网络游戏或社交软件所吸引,原本计划用来完成作业或复习的时间,常常被沉浸于虚拟世界的快乐所占据。

4. 合理监管不到位和表率缺失

学生回到家后便脱离了学校和老师的监管,指导学生合理利用放学时间的重任主要落在了家长的肩上,如何合理利用这段时间对学生来说尤为重要。而许多家长由于工作繁忙,往往没有足够的时间和精力关注孩子的课后安排,忽视了对于孩子的监管与指导,导致学生在家中缺乏有效的学习和娱乐的时间管理与分配。这不仅使得学生对课后时间的使用变得随意,也使得他们缺少了必要的目标感和计划性。甚至,一些家长自身对于时间的管理也存在问题。例如,许多家长在下班后选择通过玩手机、看视频等方式放松自己。这种行为潜移默化地影响了学生的行为和习惯,当孩子看到父母沉迷于电子产品,自然会认为这种行为是可以被接受的,从而加大了他们高效管理课余时间的难度。

【对策建议】

1. 引导学生认识时间管理的意义

班主任可以举行"我的时间管理"相关主题班会,引导学生感受到时间的重要性;开发"生命的价值"等系列课程,通过自我展示、小组讨论等环节,让学生在思维碰撞中找到自己的生命价

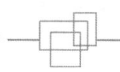

值,找到发展自己的内驱力。让学生学会珍惜时间,明白利用有限的时间可以拓展生命的广度,提升生命的价值,从而避免迷失在刺激的游戏或短视频中。

班主任要有良好的时间管理意识和习惯,以身作则,在班级管理和班级事务上做好时间规划,形成良好秩序。教师对时间的良好把控,可以影响并帮助学生感受到时间观念和时间管理的重要性。

2. 引领学生制定时间管理规划

首先要让学生清晰地看到自己的时间分配情况。教师可以借助"时间饼图",让学生绘制自己过去24小时的时间分配图,用不同颜色的笔涂出每种活动所占时间的比例。通过互相展示、小组讨论、分析研判的方式,判断自己的时间分配是否合理,然后借鉴优秀的时间分配方案修正自己的时间安排。这样,学生对自己的时间分配能有一个全局的认识和把控,并学会修改、调整、重新制定自己的时间安排和计划。

班主任还可以帮助学生确立课余生活的目标,组织"自我发展计划"活动,引导学生给自己设定一个课余生活发展目标。比如:学业提升,掌握一门劳动技能,习得一项运动技能等。然后依据每个学生的发展目标,帮助学生制订"个性发展计划书",通过目标引领、任务驱动,使学生规划好课余时间,提升时间管理的责任感,学会管理自己、发展自己、提升自己。

3. 营造珍惜时间的氛围

班主任可以利用学生的"从众心理",进行积极正向的引导,引领学生自主管理课余时间。例如,可以组建"课余时间规划小组",依据每位学生共同的兴趣志向、发展需求进行分组,由组长带头,组员积极参与,共同制定小组课余时间规划和个人每日课余时间安排,自行开展丰富多彩的体育、文艺、阅读、劳动等活

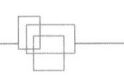

动，以活动强化时间管理训练，提升学生的时间管理技能，养成良好的时间管理习惯，帮助学生全面发展。教师还可以每周开展"时间管理达人"活动，由时间管理优秀的同学分享自己的妙招或经验，树立榜样的示范作用，营造良好的氛围，发挥群体的积极效应，帮助学生养成合理规划和利用课余时间的意识和能力。

4. 家长言传身教，共定时间计划

孩子回到家后就容易放飞自我，主要是因为没有养成良好的时间规划意识和习惯。班主任要与家长携手共进，引导家长做好孩子时间规划的制订、执行、提醒、督促等工作。班主任可以通过家长会、家访、家长开放日等，向家长们传达"双减政策"背后的意义以及学生时间管理能力培养的重要性。通过"家长学校"，给予家长培养孩子时间管理能力的方法指导。建议家长与孩子共同协商，帮助孩子制定可以落实的时间安排计划，列出学习、运动、娱乐、阅读等时间任务清单后，持续几周跟进、督促，指导孩子按预定好的规划完成清单任务，培养孩子对时间的掌控能力。同时，建议家长严格管控手机，以身作则，营造和谐温馨的家庭氛围，与孩子共同享受"双减政策"后的美好时光，帮助孩子提升自己，实现全面发展。

【拓展延伸】

阅读《吃掉那只青蛙》

推荐理由：首先，采用"吃青蛙"的方法，可以帮助我们克服拖延，提高效率，完成最艰难的任务后，就会觉得剩下的任务都相对容易。其次，这种方法可以提升我们的决策能力，让我们更好地管理时间。最后，每次"吃掉青蛙"后，我们都会获得巨大的成就感，可以正向激励我们。

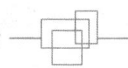

三、高效学习有方法

时间是我们最宝贵的资源之一,能否高效地管理和利用时间,是我们能否成功的关键。我们要强调对于时间的系统化、科学化安排,帮助学生高效地实现学习目标,从而整体提升学生的学习与生活质量。

【情境案例】

暑假过后,晓玥就要升入高三了。在这最后的冲刺阶段,所有人都铆足了劲,期望能够在最后一年的时光里提升学业成绩。晓玥也不例外,她早早地定下这一年的学习目标,决心跟视频、游戏、社交活动说"拜拜",要把时间利用到极致!为此,晓玥每天洗漱时"草草了事",吃饭时"三两口就下肚",走路时急急忙忙,连上厕所都给自己设定严格的时间。她将生活中这些碎片时间一分一秒地挤出来,都用于学习。

晓玥每天给自己的每一科都安排了一套试卷,吃完晚饭,她就抓紧时间投入茫茫题海中,一刻也不敢抬头,尽量不喝水也不上厕所,生怕浪费一点时间。即使这样,她发现每天都有写不完作业,时间似乎怎么都不够用。睡觉前晓玥总要懊悔一番:"哎!都怪自己做题速度太慢了,明天一定要抓紧时间,提高自己的速度多做几道题!"可奇怪的是,第二天,无论晓玥怎样节约时间,她仍是陷入不能完成学习计划的怪圈中。

一个月过去了,晓玥的成绩不仅没有提升,反而急速下降。晓玥想到自己每天学习到那么晚,成绩不增反降,这到底是为什么呢?难道是自己付出的努力还不够吗?或许应该再多买一些习题给自己"加量"。还有两百多天就要高考了,自己似乎仍有很多知识点不会，真的能来得及吗！想到这儿，晓玥更睡不着觉了，陷入无尽的焦虑和担忧中。

【案例分析】

善于管理时间的学生，往往学习成绩优秀、能力强，倾向于做更积极的自我评价，自我价值感强，对生活感到幸福满意。案例中的晓玥真的善于时间统筹吗？显然不是。像晓玥这样不会统筹时间的学生不在少数。

1. 缺乏目标和计划

如果学生没有清晰的目标，就很难为自己的学业制定切实可行的计划，从而导致他们在学习过程中丧失方向感，时间也会在迷茫松懈中悄悄溜走。缺乏详细学习计划的学生在面对繁重的学业压力时，往往只会手足无措。他们可能在考试临近时才匆忙复习，结果又因为没有系统的复习计划而感到更加焦虑与无措。这种拖延和被动的应对方式，浪费了大量时间，导致他们无法有效巩固所学知识，最终影响了他们的学业表现。

2. 学习方法不当

其实，许多学生并未掌握科学的学习方法，以至于在学习与复习过程中走入了误区。这些学生习惯于死记硬背，缺乏对知识的理解与消化，他们认为只要不断重复记忆就能掌握知识，实际上这种学习方法不但白白花费许多时间和精力，而且效率低下。此外，许多学生在复习过程中缺乏系统的方法，没有明确的复习计划和策略。比如，他们在临近考试时，才急匆匆开始复习，没有事先整理知识框架和重难点，结果使得他们在复习时感到无从下手，虽花费大量时间但效果不显著，很容易因焦虑而陷入"复习越多、越不懂"的窘境。

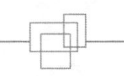

3. 时间规划能力不足

许多学生的时间规划和管理能力明显不足，导致他们在完成学习任务时感到困难。一方面，缺乏时间规划能力使他们难以合理地安排学习与休息；另一方面，这种能力的缺失还导致他们在琐事上耗费大量时间，最终无法按时完成重要的学业任务。

学生时间管理能力的缺乏还会影响他们的学习习惯。他们不会设定每日的学习计划，缺乏时间意识，在专注学习与放松娱乐之间难以找到平衡。长此以往，他们就无法形成良好的学习习惯，会进一步加剧对于学习任务的拖延，这也使得他们在面对新的学业任务时缺少应对能力。

4. 缺乏休息和调节

许多学生过于专注学业，常常忽视了劳逸结合的原则。他们沉浸在学习和复习中，抱有一种"学习至上"的心理而长时间不休息。这使得大脑处于持续的紧张状态，导致精神疲劳和焦虑情绪的增加，无法保持思维的清晰和灵活，最终引发学习效率的急剧下降。所以，看似没有浪费一分一秒，但这种极端的时间投入方式往往会导致身心俱疲，影响学习效率和知识的吸收，并没有真正高效地利用时间。

【对策建议】

班主任指导学生统筹时间的路径可以从以下几个方面着手。

1. 理解时间管理重要性

虽然许多学生都明白管理时间对于学习的重要性，但是仍有一些学生只是简单地认为节约时间，抓紧时间完成学习任务就是管理时间。其实，并非如此。班主任要提高学生对于时间管理的认知，可以开设"时间都去哪儿了"主题班会，帮助学生认

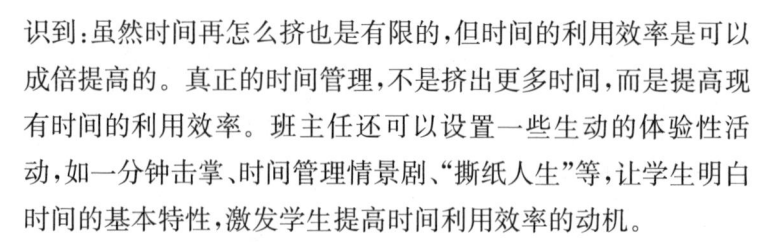

识到：虽然时间再怎么挤也是有限的，但时间的利用效率是可以成倍提高的。真正的时间管理，不是挤出更多时间，而是提高现有时间的利用效率。班主任还可以设置一些生动的体验性活动，如一分钟击掌、时间管理情景剧、"撕纸人生"等，让学生明白时间的基本特性，激发学生提高时间利用效率的动机。

2. 掌握高效学习法

大部分学生发现，虽然花费了许多时间在学习上，但收效甚微。事实上，这往往是学习方法不恰当导致的。例如：有些学生认为晚自习的时间就是用来不停刷题，加强对于知识点的记忆与运用。其实，当我们对知识点还不够熟悉时，贸然刷题就会很容易被题目卡住，这时就需要停下来翻阅知识点，专注力也因此会被不停打断，这样不仅低效耗时，还会引发对于学习新知识的焦虑。

班主任要引导学生明白在课堂学习中保持高度专注力的重要性。这样，课后就不需要花费更多的时间来消化新学的知识。做题前，要先花费点时间复习一下旧知识，再借助作业练习巩固知识，接着预习新内容，最后总结归纳自己的学习状况，针对不足之处思考改进方法。这样才能加深对于知识的理解和掌握，花费最少的时间取得最佳的学习效果。

3. 提高时间利用率

班主任可以引导学生使用记"时间流水账"的形式，记录自己一天做的每一件事情。通过记录"时间流水账"，我们能清晰认识到自己做了什么，有哪些时间被浪费了，又有哪些时间可以被利用起来，会对自己的时间有一个全局的了解和把控。

班主任可以引导学生进行时间优化管理。面对庞杂的学习任务，学生要理清楚自己的精力状况和学习任务的重要程度，以此来进行时间分配和规划，设置优先级，将更多的精力和时间用于完成重要的任务。

班主任可以引导学生关注和挖掘自己一天中的"碎片时间"。组织学生讨论这些"碎片时间"能够用来做什么事情。例如，背单词、记公式、练听力、整理笔记、冥想复习、复盘知识点等。如果能将这一点一滴的"碎片时间"利用好，涓涓细流也能汇聚成江河。

4. 掌握好劳逸结合的度

心理学家吉姆·洛尔认为，比管理时间更重要的是管理精力。精力是做事的能力，包括体能、情感、思维和意志四个方面。当面临学习的巨大压力，许多学生会把过多的精力消耗在持续焦虑、沮丧失落的情绪中。班主任要时刻关注学生的心理状态，评估他们焦虑的程度，通过心理团体辅导和个别辅导，帮助学生缓解焦虑和压力，保持积极的学习态度。教师在指导学生制订学习计划时，要注意加入休息和娱乐活动，劳逸结合，让学生始终保持饱满的精神状态。

【拓展延伸】

时间颗粒度[①]

1. 提高时间管理效率

时间颗粒度越小，意味着个人对于时间的安排越细致和清晰。这有助于提高工作效率，对于完成任务所需花费时间的把握更加精确，可以更好地安排任务的优先级和时间预算。

2. 工作细节的把握

时间颗粒度越细，表明对工作的细节关注越多，能够更全面了解事情的全貌，从而更好地推动工作。这种对细节的关注有

---

① 刘润.底层逻辑[M].北京：机械工业出版社，2021：155-163.

助于提高工作的质量和效率。

3. 工作流程的优化

时间颗粒度越细,每一项工作的时间节点就越明确,流程就会更精细、更顺畅。这不仅提高了工作效率,也有助于提升工作的专业化、精细化和科学化管理水平。

4. 工作质量的提升

时间颗粒度越细,每一项工作的内容就更饱满、更充实,单位时间内的工作质量也就越高。这种对工作内容的充实和质量的提升是成功的重要因素。

第二章

学校安全

安全教育是学生生命健康教育中必不可少的一部分，多一次安全教育，孩子们就多一分安全。只有增强学生的安全防范意识和自护自救的技能，提升学生的安全素养，同时进一步强化家长在孩子成长过程中应尽的安全教育和监督责任，才能帮助孩子杜绝和防范各类危险事故的发生，从而建设好校、家、社安全共育防线，筑牢安全长城，为学生的健康成长保驾护航。

第一节　学校安全教育概述

学生健康快乐的成长，不仅关乎每个家庭的幸福安宁，也关乎国家的繁荣与发展。教育的使命不仅是传授知识，更是培养学生的全面可持续发展的能力。学校作为孩子们成长的重要场所，理应承担起守护童年、培养学生良好安全意识与自我保护能力的重要使命。

一、学校安全教育的现状

目前，全国各地教育部门都要求加强学校安全教育工作，特别是中小学的安全教育工作，必须列入学校的工作计划和议事

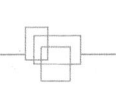

日程中。教育部门通过对学校各项工作的规划部署、检查监督、责任落实和反馈整改,保障安全教育的落实。各学校通过采取一些措施,如制订规章制度、做应急预案、进行风险排查、组织安全演练等,也取得了一定的效果。但是,学校的安全教育工作涉及面广、参与人多、琐碎复杂,就当前情况来看还是不容乐观。

1. 多元文化的冲击

随着社会经济的发展,中小学生的价值观念受到多元文化的冲击,很多学生在各类"诱惑"中失去了正确的价值判断,出现了道德滑坡甚至缺失的情况。特别是网络等多媒体的普及,使得很多学生有机会接触一些不健康的内容。中小学生处于身体与心理的生长发育期,还没有形成完整稳定的人生观、世界观和价值观,容易受到一些不良信息的影响。有的学生受好奇心驱使,喜欢模仿一些网络中的游戏,但他们并不了解其中的潜在危险。同时,网络成瘾也对青少年造成多方面的危害,不仅影响其学习、身体健康、人际关系、行为方式等,还逐步使其慢慢与社会脱节或隔离,而且网络上的暴力和血腥场面,对孩子的发育和成长影响很大,有时会将其推向犯罪边缘,甚至危及其生命,毁掉其一生。这些均要求学校的安全教育要不断关注学生的现实生活,尊重不同年龄阶段学生的身心发展规律,帮助其解决成长中的安全问题。

2. 教养方式的失衡

如果父母对于成长中的"小公主、小王子"采取不当的教养方式,会在不知不觉中让他们养成各种不良习惯与行为方式。比如:与他人相处,会表现得唯我独尊,自私自利;与同学发生矛盾时,会模仿影视剧或网络中的过激行为,采用暴力的手段来解决问题,进而引发较为严重的安全问题。生活中盲目相信"棍棒出孝子"的家长,一味地采取打骂的方式教育孩子,容易造成孩子出现逆反心理和攻击行为。目前,伴随二孩家庭的增多,父母失衡的关爱也给孩子带来程度不一的安全感缺失问题。

3. 法律法规的缺失

我国对于中小学生在成长中受到的各类隐性安全伤害要如何处置,尚未出台相关的法律法规。这就使得教师,尤其是班主任在实际教育教学工作中,处理相关问题时缺乏依据与标准。同时,相关部门和校方相互推诿的现象也时有发生。由于立法的缺失,执法陷入困境,导致施害者更加有恃无恐,一些未成年人误以为自己对他人造成伤害不会承担法律后果。如此,也就导致在校学生各类安全事件的频发。诸如,各地出现的各类校园暴力事件,既令我们触目惊心,又令我们扼腕叹息。此外,学校安全事故还会形成"校闹",这已经成为继"医闹"之后影响社会稳定的突出问题。"校闹"们轻则围攻学校、纠缠老师,重则聚众堵门,打砸冲击校园,进行人身攻击,严重影响学校的正常教学工作。再加上现在网络、自媒体等的不实渲染和流量炒作,有时将学校置于舆论的风口浪尖,令校园不得安宁。

二、学校安全教育的内容

学校要为学生构建系统的安全教育课程,营造安全、健康、积极的成长环境,让学生树立正确的成长观,提升成长安全意识,培养良好的安全自护习惯与能力,在享受社会进步发展带来的丰富成果的同时,也能够有效防范成长的风险。

1. 树立正确的成长理念

学校要引导学生正确认识社会生活的丰富性与复杂性,掌握信息技术,赋能个体成长。学生要理解网络既有着无可比拟的优势,也可能会给生活带来毁灭性的灾难,关键在于如何正确

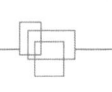

使用网络。同时,学校要引导学生多接触社会正能量,加速正确世界观、人生观、价值观的型塑,形成一定的自我安全保护与风险防范能力。

2. 提升成长的安全意识

学生在面对成长安全危机的时候,要学会用合法、合情、合理的方式来保护自己,并通过正当、恰当的手段掌控个体生命安全。学生不能因为自己年纪还小,就对成长中出现的危机姑息纵容,要学会用多种手段保护自己。这一切都需要有体系化的指导和系统化的课程学习。因此,学校要着力架构相关的安全教育课程。

3. 培养良好的交往习惯

学校和家庭要通过阶段性的体验活动,及时引导学生在与同伴、老师、家长的交往中,形成积极的心态,掌握一定的交往技巧,在与他人平等融洽相处的生活大课堂中,纠正某些偏差行为,形成逐渐稳定的交往心理与行为。

4. 引导恰当的家庭关爱

父母对于孩子的爱是无私的、伟大的,但是这种爱不能是没有尺度的溺爱,也不能是出了格的严厉,否则都会起到负面的作用,带来不良的后果。学校应当联合社区向家长普及关爱孩子的正确理念与方法,让家长形成良好的"严爱相济"的教育观。对于家庭中易冲动的父母,或者是不易调和的亲子矛盾,学校及社区要及时干预,甚至是出面制止,逐步引导并扭转局面,避免相关成长危机的出现。

5. 形成安全的处置机制

学校要逐步完善对学生成长安全问题的教育、干预及处置机制,以保障安全教育及问题解决的顺利进行,从而保障学生的生命成长安全。班主任要了解学生的成长心理与规律,提前预

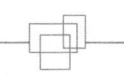

测与预防。在问题发生后,学校和教师不能秉持"大事化小、小事化了"的态度,要积极主动且及时了解、分析、交流、教育、处理、厘清责任边界,留下处理痕迹,同时要借助家长、学科教师、班干部、社区、法制校长等多方力量,形成教育与处置的合力。学校也要联合社会各界共同呼吁相关法律法规的尽早确立,让保护成长安全有法可依,进而为学生保驾护航。

三、学校安全教育的目标

学校应着力构建更加贯通、融合与协同发展的学校安全教育体系。学校安全教育的育人目标是突显生命底色,注重个体安全素养的培养;厚植家国情怀,强化正确认知国家安全与责任担当;放眼国际视野,树立和深化人类命运共同体理念。班主任应整合各方力量,充分利用家、校、社多种资源,对安全教育的内容、教育途径、教育方式和教育评价等进行统筹,全面提升学校安全一体化育人质量。

1. 明确生命价值,开发解压渠道,不做"坏人"帮凶

教师要引导学生逐步认识生命,理解生命的来源及生命的价值,正确地定位自己。同时教会学生通过各种活动与渠道,习得一定的交往方法与技能,拥有健康良好的朋友圈。此外,学生要在成人的引导与指导下,在真实的生活与模拟的体验活动中,逐步训练解决问题的思维与能力,掌握应对成长安全危机的方法。

教师可以通过艺术、运动、研学等丰富多彩的学习生活,帮助学生寻找自我、树立自信。因此,学校要有意识地通过学科教学、综合实践活动、社团选修、节日活动等,帮助学生建构属于自己的"个性乐园"和"减压空间",开通"自我压力释放通道"。在和谐友善的教育生态中,教师与学生一起学会关爱他人,用同理

心去理解同伴。教师要时时关注每一个学生的情绪波动,帮助学生用正确的方式面对成长安全危机,既不能忍气吞声,也不能做"事不关己高高挂起"的旁观者,更不能做施暴者或施暴者的帮凶,助纣为虐。

2. 加强校园监管,建立处置机制,强化心理与法治教育

学校要加强校园监管力度,重视校园文化建设,积极向学生宣传成长安全危机的危害性,旗帜鲜明地表明立场,加大监管力度,落实层级制监管措施,对待施暴者零容忍,严厉惩治,保障学生的成长安全。同时要注重校园文化建设,以优雅宁静的校园环境、丰富多彩的活动、活力灵动的文化浸润学生的心灵,营造积极向上、阳光快乐的成长氛围,以环境生态熏陶滋润学生的心灵,从而减少成长危机的发生。

学校要建立处置机制,科学预防危机。首先,可以通过定期开展相关课程和宣传活动,让学生对危机有所认识。其次,当危机发生时,能做到应变胸有成竹,处置游刃有余。同时,在发生危机的时候,要快速启动应急响应机制,不能滞后和推诿。最后,学校还要建立多元评价体系,重视学生在各类活动中的表现性评价,尽量避免因学业考试成绩而带来的成长安全危机。

学校要基于小学生安全成长危机的三大表现形式,加强学生的法治和心理健康教育,避免危机发生的可能。法律是社会的底线,教师要加强学生的法治教育,提醒、警示学生用法律来规范自己的行为,保护自身的安全。教师可以运用真实而鲜活的数据、画面、案例等,警示学生,让学生更加珍爱自己和他人的生命安全。同时,学校还要高度重视学生的心理健康教育,指导学生学会处理人际关系,应对各类交往问题,缓解学习压力。

3. 掌握教育理念,关注心理发展,亲子共同成长

家长要学习家庭教育促进法,明晰自己的教育责任,同时要

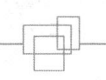

学习先进的家庭教育理念，掌握亲子沟通与相处的正确方法。家长要学会跟孩子交朋友，发现成长危机时，要运用正确的处理方式，给予他们关爱。同时要学会引导孩子逐步掌握一些与人相处的方法，鼓励孩子去参加社会性的活动，加强孩子性格的培养，同时培养孩子的勇气，让他们在面对危机时学会说"不"。父母自身也要加强自我修炼，给孩子树立好榜样。

此外，父母要重点关注孩子的心理健康成长，及时发现孩子心理的细微变化。在孩子情绪波动，或者有不当的认识行为时，要及时沟通交流、纠正疏通、教育引导，将危机消灭在萌芽状态，必要的时候可以请求外援，切勿采取放任不管的方式。当然，家长更需要提供给孩子更多的陪伴和支持，与孩子在时间的岁月里一起成长。

第二节　如何处理校园霸凌

校园霸凌一般指的是发生在校园内，蓄意或者恶意使用一些肢体、言语等，对学生进行侮辱或者欺负，从而给他们造成身心伤害的行为。具体来说，可以是学生之间以大欺小、倚强凌弱，也可以是群体对于个体的孤立等。当然，侮辱性的绰号也是校园霸凌的重要表现之一。

一、小绰号、大麻烦

人们谈到校园霸凌，大部分人可能会联想到打架斗殴、拉帮结派、以大欺小、以多欺少，但有一种隐性的霸凌同样值得我们关注，那就是言语侮辱和心理孤立。这种行为具有一定的隐蔽

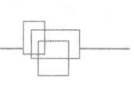

性，不易被发现，也不易受到重视，其对学生心理造成的伤害却影响深远。中小学生之间相互取绰号的现象十分普遍，大约40.7%的学生有被同伴取难听的绰号的经历。正是由于这种现象的普遍性，才没有引起我们足够的重视，特别是一些侮辱性极强的绰号，我们一定要及时发现，即刻禁止。

【情境案例】

最近有不少学生向三年级（2）班的班主任张老师反映，班级里的小明同学总爱给其他同学起绰号，并且当众起哄喊别人的绰号，这给一些同学带来不少困扰。

这天，张老师刚走进班级，就看见小明和小王两人打作一团，原来小明又叫小王"王八蛋"，所以小王打了小明。

如果你是张老师应该怎么办。

【案例分析】

该案例中的事件在校园生活中时有发生。由于学生受不同价值观、道德观的影响，群体中取绰号的原因也不尽相同。

1. 恃强凌弱，以大欺小

出于强者心态而针对他人的生理或性格缺陷起绰号，这是校园语言霸凌中较为常见的现象。我们常常听到：把背有点弯的同学叫"驼子"；把皮肤较黑的女同学叫"黑妞"；把说话慢、结巴的同学喊作"灰太狼"；把戴眼镜的同学唤作"小四眼""二饼"；身材消瘦者被比喻为"麻秆儿"等。这些绰号直接把同学的缺陷反复暴露在他人面前，很容易伤害他们的自尊心和自信心，时间长了就会影响同学之间的关系，甚至会使他们对学校生活失去兴趣与安全感。

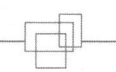

2. 童心未泯，逗趣调皮

有的学生可能仅仅出于好玩，就针对某个同学的特长和优点给对方起绰号，旁观的同学也会不假思索地附和。比如，生活中，学生习惯称呼跑得快的同学叫"飞毛腿"，反之则是"小短腿"；爱说话、爱表达的同学叫"话唠"；内向寡言的叫"坐家"等。这一类绰号的产生，也许不是出自恶意，但是也会在不同程度上引起被叫对象的心理不适。

3. 亲密互动，活跃气氛

有些同学为了表达亲近、增进友谊、活跃气氛而善意地给他人起绰号。比如：根据姓名的谐音起绰号；采用亲昵的叠词起绰号；也有运用比喻、借喻等修辞法给同学起绰号的；还有借用影视、动漫或社会新词等叫绰号的，像"班草"就是由"班花"演变而来。这些绰号对于营造轻松亲密的气氛起到一定的作用，但是要注意场合，否则也有不尊重他人之嫌。

4. 打击报复、以牙还牙

未成年人的心理比较敏感、脆弱、易冲动，有的同学被人叫了绰号，虽然很生气，但是不知该如何处理，于是就以"绰号"还"绰号"。更有甚者，总是能"发明"出奇奇怪怪的绰号，以此打击报复，制造嬉闹，引发矛盾。

【对策建议】

中小学生心智发育还不够成熟，往往以自我为中心，很难设身处地的考虑他人感受，起绰号的行为会在不同程度上给同学造成心理上的伤害。

1. 辨性质，巧引导

班主任首先应及时深入了解学生之间起绰号的具体原因，包括绰号的来源、使用频率、被起绰号学生的反应等。可以通过观察、调查、走访,听取学生和家长的反馈信息。如果学生是善意的、亲切的,班主任可以引导被起绰号的同学接受并包容该行为,甚至可以作为在班级内共同的"昵称",这样可以拉近学生和老师、学生和学生之间的距离,增强班级凝聚力。老师必须跟学生讲清楚要注意把握好"起绰号"的度,时刻关注此类事件的发展,不让负面影响扩大化。反之,恶作剧式的,甚至是对老师和其他同学恶意攻击的绰号,必须给予足够重视。教师通过谈心等方式进行个别教育后,还需通过主题班会等进行及时的集体引导,明确这种"起绰号"的行为是不尊重他人的表现,也是一种非常不文明的行为,从而形成一定的班级舆论,用集体的力量对个别学生的行为进行规劝、警示、约束、改正。

2.亮态度,立规矩

班主任需要与被起绰号的学生进行一对一的谈话,了解他们的感受和困扰。教师除了要表达关心和支持外,更要鼓励其学会表达自己的想法和感受,用语言或者行动进行反抗,并举一反三,以便学生能应对其他可能带来的伤害。另外,班主任通过主题班会或者晨会、午会,甚至是亲子家长会,抑或者阅读活动,就此内容进行广泛交流,形成"同学之间相互尊重、相互欣赏、不取绰号"的共同认识,以规约的方式将其添加到班级公约中去,成为全班学生共同遵守的规则。

3.建机制,澄内涵

教师从制度设计层面,将其确定为班规后,还要常态化地关注与反馈事情的进展,并通过"家长沙龙""家长会"等形式进行大力宣传,将"我们要团结友爱、和谐互助,拒绝肢体冲突、语言侮辱等任何形式的校园欺凌"的理念,持续地传递给家长与学生。引导学生意识到校园欺凌不仅是传统意义上的打架斗殴、欺负弱小,有时或许就是不经意间的一句玩笑或者一个绰号,都会给他人造成长久的困扰,甚至严重伤害。让家长和学生逐渐意识到校园欺凌其实离我们并不遥远,学生要时刻注意自己的言行,不能伤害到其他同学。

4. 勤沟通,促和谐

当班级中出现"绰号文化"时,班主任首先要积极创设良好的班级育人环境,可以启发学生使用"智多星""大力士""小卫士"等带有文化气息的绰号,培养学生的共情能力,让每一名学生学会站在对方的立场上体验感受。同时要多留意学生在校内的心理状态,帮助他们建立自信心和自尊心。教师可以邀请家长参与沟通与反馈,从根源上解决问题。还可以建立一个定期的反馈机制,鼓励学生之间互相监督彼此相处中的行为。如果发现有人恶意给同学取绰号,可以对其进行惩戒教育,确保班级氛围的健康和谐。

【拓展延伸】

家庭是学生成长的第一所学校,是学生拔节孕穗的第一课堂;家长是孩子的第一任老师,更是孩子最信任、最亲近的伙伴。当孩子遇到被起绰号的烦心事,除了教师在学校的沟通协调,家长也要给予孩子足够的支持和引导,这样才能家校共进,协同育人。

1. 家长要以身作则

如果家长平时趾高气扬地训斥别人,喜欢抓别人的"小辫子",经常给别人起绰号,那么孩子很可能会受到影响,也喜欢给别人起绰号。所以,家长一定要注意自己的言行,不要叫同事、朋友的绰号,同时要教育孩子不要取笑别人的缺点和缺陷,要正确看待和接受每个人的不完美,切忌用别人的痛苦来堆砌自己的快乐。

2. 家长要明辨是非

首先,家长可以帮助孩子分析同学们给自己起的绰号有没有恶意,开解其以平和的心态去面对和处理"绰号"问题。指导孩子在遇到此类问题时,学会明确告诉同学自己的感受,拒绝同学再叫绰号。其次,家长也可以向孩子讲一些历史名人绰号的故事,让孩子知道绰号不管是好是坏,都只不过是反映了一个人某一方面的特点而已,不能因为绰号而全面否定自己。

3. 家长要扬长避短

家长的鼓励对孩子来说是很重要的,也是很有力量的。家长的鼓励与支持,能让孩子恢复信心,看到希望。例如,家长在孩子的兴趣特长、个性优点、特征优势等各个方面,不断扬长避短,激励孩子取得进步。另外,父母要在孩子面前经常"示弱",把主动权还给孩子,还要教会孩子理性且全面地认识自我,既看到自己的缺点,也看到自己的长处,从而能够勇敢的改变自我,取得进步。

二、被霸凌、施善意

2024年5月,教育部印发通知,明确各学校要成立学生欺凌治理委员会,对霸凌行为进行认定,依法依规进行处理。面对霸凌行为,有人用武力捍卫自己的安全,有人在家人的陪伴下诉诸法律,还有人时隔多年后直面心魔,与暴力者当庭对峙。为了避免伤害,我们在教育中应告诉学生,既不做施暴者,也不做受害者,要学会勇敢的对校园霸凌说"不"!

【情境案例】

某小学三(1)班小张同学,家庭情况比较特殊,小张的父母

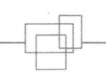

离异，他与爷爷、奶奶生活在一起，行为习惯不好，且有"多动症"。小张平时经常欺负同学，引起许多学生和家长的不满。一天，小张又打了班上的小刘同学，小刘同学的家长在班级微信群里发言，认为这是校园欺凌，并与其他家长商定，以第二天全班学生罢课的方式要求学校给予解决小张打人的问题。

【案例分析】

案例中像小张同学这样的校园霸凌行为普遍存在，其形成的原因有很多，大致可以分为四个方面：学生个人行为失范、家庭关爱缺失、教师引导缺位以及同伴关系淡漠。

1. 个人行为失范

如果学生的性格比较张扬淘气，四处惹是生非，那么他可能是为了引起他人的关注。同时，少数有"多动症"的孩子，也会经常干扰别人。这些学生有时会依仗自己身强体壮，主动"挑事儿"，动手打人。他们的行为会给他人的身心造成严重伤害，同时也会影响正常的教学秩序。

2. 家庭关爱缺失

单亲家庭、重组家庭，关系不和谐家庭，父母外出打工，并由老人看护的留守儿童家庭等环境中生活的孩子，大多渴望得到他人的关爱。另外，有的父母家庭教育理念与教育行为不当，管教手段粗暴简单，造成学生也模仿其粗暴的手段来解决问题。这些家庭会让孩子在成长中缺乏关爱，致使孩子的性格与行为产生偏差。如果放任不管理，孩子的不当行为得不到及时的纠正与引导，那么这种逞强霸凌行为带来的群体关注效应会强化其不当行为。所以，家庭结构的不完整，家庭关系的不和谐，父母关爱的缺失，家庭教养方式不当，均是学生校园霸凌行为产生的重要原因。

3. 教师引导缺位

对于校园霸凌,很多老师都会"谈虎色变"。有些教师觉得自己没有能力解决该问题,因而选择对霸凌行为熟视无睹;也有教师因为班级人数众多,难以关怀到每一位学生,没有发现班级中的霸凌现象,从而缺少对于霸凌和被霸凌学生的关怀和引导;个别班主任有时为了避免霸凌升级造成更大冲突,专门设定"专座",对霸凌的学生进行集体隔离,或给其贴上标签,这反而促使班集体进一步分裂,导致霸凌行为升级。教师的不作为、乱作为,也是校园霸凌行为得不到扼制的原因之一。

4. 同伴关系淡漠

班级中缺乏平等观念,学生间缺乏民主沟通,没有掌握达成共识、解决问题的办法,学生一旦遇到矛盾就不知如何处理,久而久之,他们各自为政,互不关心。当发生霸凌行为时,大家都置身事外,致使同类事件反复发生。一个班级中,如果存在歧视"学困生"或"调皮生"的现象,那么在这样不健康的班级环境中,被歧视者或被孤立者可能会通过暴力的手段来彰显自己的存在。如果学生没有同情心、关爱心和集体荣誉感,那么当有学生被霸凌时就没有人站出来制止,进而导致班级集体风气的持续恶化,这不利于学生的校园生活和学习。

【对策建议】

班主任在面对这种情况时,既需要采取一系列的措施来解决问题,也需要保护所有学生健康安全的成长。

1. 达成共识,做到"三不"

首先,不做受害者。教师要提醒学生不携带较多的钱财和手机等贵重物品,不公开显露自己的财物;前往厕所、楼道拐角或者学校附近的巷子等校园霸凌多发地时要结伴而行;与同学

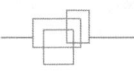

友好相处,宽容、理性、平和地解决矛盾,不采用过激的方式,发生被霸凌事件时,要冷静对待,勇敢说"不"。

其次,不做霸凌者。教师要带领学生学习相关法律条文,明确殴打他人、暴力侮辱他人、暴力索取他人财物等非法伤害他人的行为,有可能触犯我国刑法中规定的寻衅滋事罪、强制侮辱罪、抢劫罪、故意伤害罪等。同时,学生也要学会依法维权,并用法律约束自己的行为。

再次,不做附和者或冷眼旁观者。教师要明确地传递给学生这样一些观点:拒绝"煽风点火";拒绝成为霸凌者的"帮凶";拒绝当事不关己的旁观者;适当对被霸凌者表达同情和关心;发现霸凌现象要及时向老师、家长报告,甚至报警等。教师要指导学生在面对霸凌行为时学会如何应对。

2. 形成合力,学会"五通"

首先,与当事人沟通。教师要对校园霸凌者进行一对一的教育引导,帮助其认识到自己行为的不当,并指导其如何以积极的方式与同学相处。同时也要对被霸凌者进行一对一的心理辅导,关心其身心状况,帮助其缓解情绪,疏通心理压力。

其次,与家长沟通。召集双方家长进行面对面的沟通,说明学校对于学生行为问题的立场和解决方案。如果出现类似案例中"家长罢课"的极端做法,班主任要向学校汇报,并在学校领导的支持下,向家长解释其行为可能带来的负面影响。教师要与家长共谋防止校园霸凌行为的办法与策略,倡导家长们通过对话与合作来解决问题。

再次,与班级全体学生沟通。教师要在班级中开展反霸凌教育和团队建设活动,提高学生之间的相互理解和尊重的意识,同时加强班集体的管理和指导,制定相应的班级公约,给每位同学安排班级管理的任务,确保班级人人有事做,事事有人做,在合作关爱与遵守规则的氛围中,打造能够令每个学生都能有归属感的安全成长环境。

从次,保持与心理辅导老师的沟通。班主任要取得学校心理专业辅导老师的支持,学校领导、学科教师和家长们配合心理辅导教师一起制订具体的行动计划,包括对霸凌者的行为矫正措施,对被霸凌者的心理辅导,以及对全班学生的心理教育方案等。定期评估霸凌者行为的改变和被霸凌者的情绪恢复情况,收集其他学生的相关信息反馈,根据评估结果调整教育和管理策略,确保所有的处理措施都符合学校的规章制度和相关法律法规,避免因处理不当而引发更大的问题。

最后,要与法治校长沟通。班主任要在学校领导的支持下,寻求法治校长的专业援助,对可能或已经造成的霸凌伤害,要从法治社会建设、依法保护未成年人的角度引入法治力量,震慑且约束霸凌者,安慰且指导被霸凌者。

【拓展延伸】

我们面对校园霸凌,不能简单将之归因学校的问题,家庭、社区、政府等都要各自守护好自己的"责任田",才能有所作为。

1. 加强风气监管,健全管养机制

社会各界要站在培养"民族复兴大业使命的担当者"的高度,来认识和解决校园霸凌问题,采取务实的措施,多管齐下,保护未成年人的成长安全。要加强监督与管理,对中小学生易接触的媒体及各类网络信息内容加强监管与筛选,避免低俗暴力的内容充斥其中,对孩子的心理产生不良影响。社会各界还要加大法律宣传普及力度,逐步让学生在融入社会的过程中,学会用法律武器来保护自己,养成知法守法、遵章守纪的好习惯。同时,大力提倡塑造良好的社会文明风气,对于制造成长安全危机

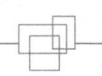

及家长管不住、不想管、学校管不了的未成年人,社会要建构管养体系,对这类人群进行矫正,避免日后进入社会后而违法犯罪。

2. 完善相关立法,加大惩戒力度

相关部门要结合实际情况以及立法经验,针对未成年人成长安全的需要,制订相关法律,尽早做到有法可依、违法必究、执法必严。同时要联合学校和社区做好法治宣传,让社会各界明晰造成未成年人成长安全危机的成本与代价,增强未成年人的自我保护意识。

对于严重危害未成年人成长安全的未成年人,检察机关、司法机关要及时介入管理,要采用适当措施,必要时可以要求其进入管教学校或承担相应的法律责任。

三、被孤立、寻帮助

孤立,一般是指将某人故意排除在某种社会关系之外。近年来,相关专家研究发现,被孤立者遭受社会性拒绝所带来的精神压力与身体遭受的痛苦并无二异。同时,这种孤立现象在中小学校园里也时有发生。

【情境案例】

小强是四年级的学生,平时淘气自私,上课不遵守纪律,总是影响全班同学听课,同学们都不喜欢他。本学期的春游要以小组为单位在公园里举行拓展活动,同学们都自愿组合成了小组,但没有一个小组愿意让小强加入。

【案例分析】

类似小强同学这样被孤立的现象,在中小学校园里很常见。

但是中小学生在群体中被孤立的原因有很多,大致包括两个维度。

1. 原生家庭教育决定了学生的性格特质

家庭教育型塑了孩子的性格特点。父母双方如果因为琐事、性格、工作压力等问题导致家庭关系不和谐,孩子在整日争吵的环境下耳濡目染,就会逐渐产生性格的偏差;家庭中父亲或母亲的角色缺位,带来孩子性格上的缺陷;不当的教养方式,比如过分溺爱或放任不管,进而造成孩子人际交往能力不足;因父母管教缺失,导致孩子生活习惯、学习习惯存在问题。当前,社会生活中的单亲家庭、隔代家庭、离异家庭等比例在不断上升,家庭结构的不完整,也导致相当一部分孩子在人格形成的过程中缺少成人的引导、指导和支持。学生的性格特质决定了其行为方式。案例中的小强便是在不恰当的家庭教育中成长,逐步形成了不良的性格特点,他的行为举止,让他成为一个在群体中不受欢迎而被孤立的人。

2. 班级管理没有营造和谐的成长环境

后天环境对人的成长的影响是巨大的。当学生进入班级,班级就成了其非常重要的成长环境之一。在班级管理中,如果缺失平等的同伴交往理念,再加上班级的评价导向功能,座位安排的倾向性等,就可能导致班级中存在歧视"调皮生""学困生"的现象,那么类似于案例中小强一样的学生被群体孤立,便是再正常不过的事了。

【对策建议】

1. 同理心:传递关怀

当班级中发生学生被孤立的情况时,教师首先要尝试以同理心去理解被孤立学生的心理,通过谈心对其表达一种情感上

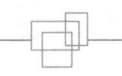

的共鸣,帮助被孤立者稳定情绪。随后,抓紧时间了解事情的来龙去脉,通过班级评价引导班级舆论和氛围,同时加以留心观察,对症下药,帮助被孤立者调整心态,建立自信。

2. 共同体:呼朋引伴

学生被孤立,部分原因是班级里没有人愿意与其交朋友。如果班主任想要破局改变,就需要有同伴来相助。教师可以从班级中找一些善良懂事的学生,然后牵线搭桥,让他们与被孤立的学生互动交流,逐步打破交往壁垒。同时,通过班级文化、班级活动、班会、班级公约制订等,在班级中倡导团队合作意识与学习共同体理念,逐步建立被孤立者的交际圈的同时,营造同舟共济、和谐友善、合作共进的班级生态,帮助被孤立者融入集体,感受集体的温暖与力量。

3. 三聚焦:推进问题解决

首先,聚焦自身问题。班主任要逐步引导学生学会自我反省,引导被孤立学生认识到自己身上存在的问题,反思问题的原因,寻找解决策略,并指导其真正解决问题。班主任多开展一些同伴互助合作的活动,改善交往环境,让学生在活动中主动体验,习得交往技能,融入集体生活。

其次,聚焦家庭教育。教师要了解被孤立学生的家庭情况,并根据实际提出家庭教育帮扶的意见。教师要跟家长沟通,指导他们营造出良好的家庭氛围,改善亲子关系;引导家长,逐步掌握正确合理的关爱孩子的方法,使其在关爱中逐步走出被孤立的困境;通过参与运动、劳动、研学等,培养其有能力拥有一定的自信心。

最后,聚焦班集体建设。班主任在班集体建设中要将平等、合作的同伴交往原则传递给全班学生,要引导学生用欣赏的眼光发现同伴的优点,用包容的心态对待同伴的缺点;引导全体学

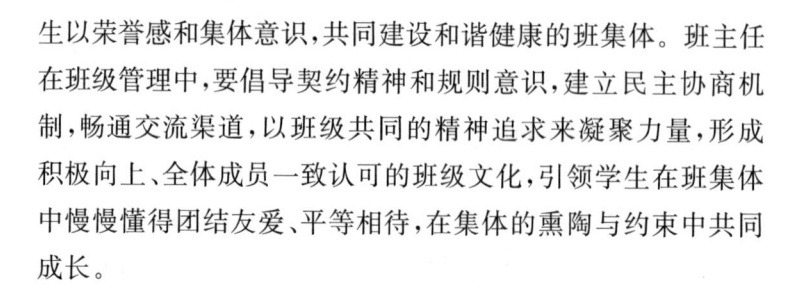

生以荣誉感和集体意识，共同建设和谐健康的班集体。班主任在班级管理中，要倡导契约精神和规则意识，建立民主协商机制，畅通交流渠道，以班级共同的精神追求来凝聚力量，形成积极向上、全体成员一致认可的班级文化，引领学生在班集体中慢慢懂得团结友爱、平等相待，在集体的熏陶与约束中共同成长。

【拓展延伸】

1. 校园疏离感

有一些学生与班级中的老师、同学关系紧张，与各类活动疏远，整体呈现自我孤立状态。具有校园疏离感的学生会感到孤独、无力等，行事风格会变得无规范性。针对学生的校园疏离感，需要家、校、社联合协同，及时处置，多管齐下，必要时需通过心理治疗等专业手段的干预。

2. 班级小团体

班级小团体存在于中小学生中，它往往是由几个感情相投、性格相似或家庭有关联的学生自发形成，而且这类小团体一般一致对外，游离于团体外的学生，往往就会被孤立。

学生的小团体大致分为三类：情感融合类、同病相怜类、暴力破坏类。这些团体各有风格，需要教师通过细心观察、巧妙渗透、家校合作等方式逐步分化，从而让校园孤立现象失去存在的外部条件。同时，教师需要在班级倡导平等观念，建立同向同行的集体荣誉感，进而填充团体解散后的精神空虚现象。

第三节　如何紧急避险

在学校开展紧急避险安全教育,是分享生命安全知识、学习安全技能的重要途径。它能提高中小学生的安全意识,增强学生保护自己和拯救他人的能力,同时还可以鼓励学生,学会尊重与珍惜生命的独特与宝贵。

一、防火于未"燃"

中小学生的消防安全意识淡薄,缺少处理火灾事故所必备的知识和技能。当火灾发生时,他们容易慌乱,不能正确判断并采取切实有效的措施,因而可能造成严重后果。要改变这一状况,我们必须在校园消防安全教育方面进行深入细致的实践与探索。

【情境案例】

学校将要进行消防应急逃生演练,为了让学生充分意识到火灾的可怕,二年级的班主任李老师在讲解疏散逃生方案的基础上,还播放了几段电瓶车充电爆炸的视频,同学们看得特别认真,甚至有的孩子害怕地捂住了眼睛。李老师觉得这次安全教育活动开展得非常成功,孩子们一定都把"防火"的种子埋在了心里。

两天后,学校组织的消防应急逃生演练正式开始。李老师班级的学生由于一味追求速度,发生了冲撞,导致一个男生崴伤了脚踝,一个女生摔伤了脸颊。

【案例分析】

　　防火安全教育,仅仅停留在"意识到火灾的危险性"是远远不够的。案例中的学生正是看到了电瓶车爆炸的视频,感受到了火灾的可怕,但是他们又不理解"演练"的真实含义,当警铃想起,只想着赶快逃跑,根本听不见老师的指挥,所以才发生了碰擦。其实,消防安全教育的重点在于细致讲解正确的逃生方式,如果不教会孩子如何保护自己,即使看再多的火灾视频,也只是让孩子们在灾难面前更加慌不择路罢了。

【对策建议】

　　消防安全教育是否能取得实效,关键不是教育者和受教育者是否重视,而是教育方式的选择是否恰当。对于学生来说,"游戏体验"比"视频图片"更令人印象深刻,"实境课堂"比"单纯讲授"更深入人心,"知识竞答"比"死记硬背"更具有吸引力。

　　1. 体验秩序的重要性

　　班主任可以利用班会课组织孩子们开展"小球逃生"的游戏:一个瓶子里装有六个拴着绳子的小球,但是瓶口很小,一次只能通过一个小球。教师引导同学们思考,假设这个瓶子是一栋正在着火的房屋,而小球就是房屋中的人,如何才能更快地从房屋中逃生呢?

　　教师可以把学生以小组为单位进行"逃生"挑战,游戏要让学生充分感受到逃生的紧迫感。比拼结束后,老师邀请最快的小组分享活动感受,思考如何快速逃生,让学生明白只有按顺序逃离,才能又快、又安全。在此基础上,再进行第二轮挑战,学生会发现,遵守秩序,可以更快地获得胜利,成功的喜悦会在学生的脑海中留下难忘的印记。学生亲身的体验、体悟要比被动接受抽象的知识更为深刻。

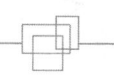

2. 掌握逃生小秘诀

学生年纪尚小，如果仅通过课堂给他们讲授消防逃生的知识点，他们可能既不会完全理解，也不能准确运用。班主任可以积极联系社会资源，带领学生走进消防减灾体验馆，在场馆志愿者的指导下，让同学们沉浸于不同情境，了解并掌握不同情境下的火灾逃生方式。采用119报警模拟演练、VR火场逃生演练、地铁火灾安全逃生演练、家庭实景火灾隐患查找系统等，还原真实火灾现场的体验方式，使同学们更加直观地感受到火灾对于生活安全造成的威胁，并提高他们对于防范火灾风险的认知与技能。体验模拟情境后的学生，其心理素质也会得到一定的提升。

3. 争当消防"小达人"

班主任可以在班级开展我是"消防知识小达人"的知识竞答活动，通过选择题、判断题、问答题考查同学们的消防知识掌握情况，并给通过考验的学生颁发"达人勋章"。鼓励各位"小达人"积极向家长宣传消防知识，结合"三清三关"的具体要求，对家庭内部、所在楼道进行自查并监督整改。老师可以在班级成立多个"达人宣讲团"，号召各宣讲团走进社区，向社区居民宣传消防知识，提示居民不要在消防通道堆放杂物，保证通道畅通，让学生成为名副其实的"消防知识小达人"。

【拓展延伸】

观看纪录片《119请回答》

内容简介：这是一部由国家应急管理部消防救援局出品的，24小时全景追踪式消防纪录片。该纪录片将镜头聚焦在重庆和哈尔滨两个基层消防站，通过近一年的跟拍，收集了一万多个小时的素材，从出警执勤到平日训练再到个人访谈，以丰富的视

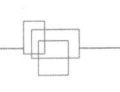

角还原了当代消防员的真实生活。影片不仅记录了消防员在火灾现场的英勇救援,还呈现了他们在处理各种社会救助任务时的情景,展现了消防员在社会生活中的多重角色和无私奉献的精神。

推荐理由:纪录片通过真实的拍摄,展现了消防员的日常工作和训练,以及他们在紧急情况下的快速反应和专业救援活动,让学生能够直观地了解消防员的工作环境和社会责任。影片中消防员面对各种紧急情况的处理方式,可以指导学生在遇到危险时如何才能保持冷静,以及如何进行自救和互救。通过观看消防员的个人访谈和他们与家人的互动,学生可以感受到消防员作为普通人的情感生活,增强对这一职业的尊重和理解。影片展现了消防员在社会中的重要作用,让学生认识到消防安全的重要性,以及每个人在维护社会安全中的责任。纪录片的内容和叙事方式比较适合中小学生观看。

二、安全伴我"行"

随着城市化、工业化的发展,道路、交通和市政设施的改变,儿童生活环境中面临的危险因素在增加。由于中小学生缺乏交通安全知识,自我保护意识低,因此,班主任做好学生的出行安全教育刻不容缓。

【情境案例】

"陈老师,陈老师,周末的时候我看到李晓明在小区里骑电动车,还带着两个同学,速度可快了!拐弯的时候他一点儿也不减速,一溜烟儿就没影了!"

高三(2)班的班主任陈老师第一时间找来了李晓明。李晓

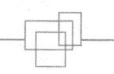

明承认了自己在小区中骑电动车带人的事实,但同时也表示,班级里骑电动车的并不止他一个,大家都觉得这是很正常的事情,没有必要大惊小怪。而且,对于这一现象,家长们也都是默许的,即使出了问题,也是自己承担责任,老师不用担心。

【案例分析】

造成上述现象的原因有很多,我们可以大致归纳如下几点。

1. 出于好奇心

许多中小学生骑电动车是出于好奇,看到别人骑电动车觉得非常帅气,而自己如果没有骑过,会在同龄人面前没有面子,所以要搞一辆来骑一骑。

2. 不了解性能

很多学生对电动车的相关性能了解不够,例如电动车的制动性能相对于其他种类的车辆是比较差的,甚至不如自行车的性能。学生在骑电动车时,对这些问题不了解,往往会在遇到紧急情况时,采取错误的制动方式,从而发生危险。

3. 不懂得法规

还有一些学生不懂得拒绝,更不懂得相关法规,当他们一个人骑电动车时,遇到同学要求搭载或者借用他们的电动车便同意了。殊不知,电动车有严格的牌照管理规范以及载乘要求。如果载人,不但会破坏电动车的平衡性能,增加骑行的危险性,也触犯了交通安全法律法规,一旦出现安全事故,就会引起不必要的纠纷,给彼此带来不必要的伤害。

【对策建议】

交通安全关系到每个家庭的幸福。社会上因学生违规骑电动车造成的交通事故屡见不鲜,事故现场触目惊心。基于此,班主任可以联合社会相关部门的力量,从源头遏制违规的骑行载人行为,并把安全教育并从骑行安全拓展到乘车安全。

1. 知法守法筑根基

班主任可面向全体学生和家长召开"电动车骑行安全"专题会议(线上、线下都可以),结合《中华人民共和国道路交通安全法实施条例》第72条第1、2款的规定:"骑自行车、三轮车必须年满12周岁;驾驶电动自行车和残疾人机动轮椅车必须年满16周岁。"依规强调,未满法定年龄骑自行车、电动车上路的行为属于违法行为。同时告诉大家,未满16周岁驾驶电动自行车、电动车酿成事故的,依据《中华人民共和国民法典》第118条规定,应由监护人承担侵权责任,监护人如果尽到监护责任的,可以减轻其侵权责任。在此基础上,班主任还可以结合真实案例进一步让家长和学生真正认识到合规合法的重要性。最后,给各位家长下发《安全出行承诺书》,要求各位家长认真阅读,逐条落实,尽到监护人应尽的责任。

2. 文明出行我劝导

班主任可以联系学校所在区域的交警部门,带领同学们一起走进交警队,与交警们近距离接触,化身"小交警"学习交通安全知识,体验别样的交通安全教育学习。请交警同志向同学们作详细讲解日常交通高峰期间交警的职责、路口的设备和标志标线等常识,以及常见的交通违法行为及危害,同学们在文明劝导工作中应注意的安全事项。然后,将同学们分成若干小组,每组由一位交警和老师带领,在路口各个方向认真进行文明执法劝导工作。通过实际的职业体验,让同学们充分感受到城市交通的文明和畅通离不开交警日复一日的坚守与付出,文明的交通环境需要我们所有人一起努力。

3. 乘车安全记心间

班主任可以联系公交公司，带领学生走出校园，将教育的场地拓展到公交车上，通过"鸡蛋碰撞"的小实验，让学生对于乘车安全产生直观的感受。例如："吱啦！"随着一声刺耳的车轮与刹车制动的摩擦声，放在车厢里的几个鸡蛋瞬间撞上砖头，蛋液流了出来。班主任随即讲述："刚才驾驶员只是在每小时15公里的速度时急刹车，我们坐在座位上就能感觉到明显的晃动，鸡蛋也瞬间被撞碎，如果是30公里的时速呢？当驾驶员遇到紧急情况急刹车时，如果我们在车厢里没有做好防护，甚至是在打闹，那么后果会是什么，大家想一想。"由此，使同学们深刻认识到遵守安全规则乘车的重要性。

【拓展延伸】

阅读《中小学生交通安全知识读本》

内容简介：该书内容涵盖了交通安全守则、交通工具的使用、水路交通的安全注意事项等多个方面。书中不仅强调了遵守交通规则的重要性，还详细介绍了如何安全的使用自行车、电动车、摩托车等交通工具，以及在乘坐公交车、地铁、火车等公共交通工具时的安全注意事项。此外，还包括了突发交通事故的安全救助知识，帮助学生在紧急情况下能够进行有效的自救和互救。

推荐理由：该读本专为中小学生编写，内容和语言都适合该年龄段的学生阅读和理解；书本内容涵盖了交通安全的多个方面，从基本的交通规则到具体的交通工具使用，再到紧急情况下的应对措施，为学生提供了全面的安全知识。书中不仅有理论知识，还包括实际案例和操作指导，帮助学生将知识运用到实际

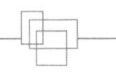

生活中。通过学习该读本，学生可以提高交通安全意识，减少交通事故的发生，保障自身和他人的安全。

三、防震莫"儿戏"

地震是破坏性巨大的自然灾害之一。面对偶发的自然灾难，我们需要帮助孩子学会紧急避险的方法，将其带来的伤害降到最低。学校在开展防震安全教育时，要关注学生实际需求，采用切实有效的方法提升学生的防震安全意识。

【情境案例】

学校为了让学生了解地震发生时的应急避震知识，掌握应对地震的防护措施和方法，提高学生紧急避险、自救自护的能力，每学期都会组织防震疏散演练活动。可是，学生的态度一次比一次自由散漫，甚至出现不少学生带着作业本下楼，到操场上直接掏出笔写作业的现象。班主任王老师批评学生对待逃生演习的态度不够端正，结果学生却说："从小学练到高中，早就知道怎么逃生啦！地震什么时候来我们不知道，我们只知道，要是作业写不完，老师可不会放过我们！您说是不是？"

【案例分析】

案例中学生的表现在一定程度上反映出他们没有意识到开展防震疏散演练的重要性和必要性。

学校通过开展防震疏散应急演练，模拟地震发生时的应急疏散过程，希望给师生留下更加深刻的印象，从直观、感性上认识地震，使师生在没有发生突发事件时，增强应急意识，提高警惕性，主动学习掌握应急知识和处置技能，提高自救与互救能力,保障其生命财产安全。

教师面对学生的敷衍态度,仅凭说教很难从根本上提高学生的认知,转变态度。但是,防震疏散演练确实不容"儿戏"。

【对策建议】

班主任可以利用网络搜集合适的教育资源,转换视角,化被动为主动,让学生影响学生,通过多个路径开展安全教育。

1. 明确演练的重要性

教师可以在班会课上通过观看视频,让孩子从中发现安全演练的重要性。视频资源要有所选择,这里提供两个参考:第一个是湖南校园踩踏事件的新闻视频。请同学们谈谈观看感受,让学生想象在踩踏事件中失去生命孩子的家人、同学、老师会怎么样,进而感受踩踏事件给家庭、学校、社会带来的沉重打击和无法挽回的痛苦。第二个是在2008年5.12汶川大地震中,创造了两千多名师生无一例死亡、无一例受伤奇迹的桑枣中学的视频。通过视频让学生感受到生命的渺小与脆弱,同时也看到日常防震演练能让人在遇到紧急状况时保持冷静并想办法逃生。通过对比,可以让学生有更为深刻的认识:人在慌乱的时候很容易手足无措,如果经常开展应急疏散演练,那么在灾难来临的一瞬间,就会形成条件反射,按照之前演练的动作去做。在灾难面前,人的心理承受能力有限,当大脑一片空白时,条件反射足以拯救我们的生命。

2. 活动探究要落实

班主任可以从班级实际出发,鼓励大家一起回忆:你在曾经的防震疏散演练中看到过哪些让你觉得是不合适的现象,在下一次的演练中可以做出怎样的改善,请大家组内相互交流讨论,完成小组讨论任务。然后,通过学生小组交流汇报,班主任可以发现学生也是有观察、会思考的,教师还可以发现许多自己没有看到的问题。班主任应当大力肯定学生们的主动反思和发现,将同学们的讨论内容进行整理和完善。当举办下一次活动的时候,以便进行活动前的主题宣讲,帮助大家更好地改善自己的行为。

3. 宣传自救:不言放弃永向前

防震教育不仅应该针对震前,还应该涉及震中和震后。如果真的不幸被困在地震废墟之中,又该怎么办呢?因此,班主任可以在班级中开展"让生命之花怒放"的主题演讲比赛,请同学们搜集并分享汶川地震幸存者的相关故事,感受生命的坚韧。例如:蒋宇航作为汶川大地震的经历者,当他被成功救出时,已经被困在废墟中125个小时。死里逃生之后,这个少年说了一句话:"他们给了我第二次生命,我渴望成为他们那样的人。"这里的"他们",就是当时解救他的消防救援人员。现如今,蒋宇航终于实现了年少时的梦想,他成为一名战斗在救援第一线的消防员。

故事的分享能使学生感受到生命的坚强,明白即使自己受到灾害的重创,也不要轻言放弃,只要勇敢向前,一样可以活出别样的精彩。

【拓展延伸】

家校社联合开展防震教育

1. 政府部门应加强对家、校、社协同育人工作的统筹领导,建立家庭教育指导机构,调动社会资源,汇同相关部门协同联动,形成共享、开放、科学的防震减灾科普工作机制。

2. 学校应发挥主导作用,整合社会资源,用好思政课和社会实践教育基地,丰富学校课堂和课后服务内容,同时做好家庭教育指导服务,健全家校沟通制度。

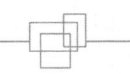

3. 家长需履行家庭教育主体责任,培育积极健康的家庭文化,树立科学的教育理念,并主动协同学校教育,带领和支持子女开展体育锻炼、家务劳动、户外运动和参观游览等活动。

4. 推进防震减灾科普基地建设,利用科技馆、科普展馆、青少年宫等场所的防震减灾科普教育功能,提高防震减灾科普的覆盖面,促进城乡防震减灾科普服务均等化。

5. 丰富防震减灾科普形式,吸纳社会力量参与,使科普内容和方式更加新颖、接地气,提高公众的接受度和传播效果。

6. 在学校和社区开展地震应急演练和自救互救技能培训,提高学生的应急处置、自救、互救技能和自我保护能力。

第四节　如何开展课外活动

中小学生身体发育较快,骨骼和肌肉系统处于尚未发育完善的状态中。学校教育需要提供体育游戏活动,以促进其身体发育和运动能力的提高。同时,还要注重在活动中培养学生的社交能力和团队合作精神,帮助他们建立良好的人际关系。

一、课间十分钟安全才轻松

在学生的日常学习和生活中,课间休息是他们放松身心、交流互动的重要时段。然而,这一时段也容易因为学生的活泼好动而发生意外。因此,确保课间安全至关重要。

【情境案例】

下午第一节课课间,班长急匆匆跑过来对我说:"班里两个

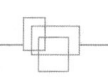

学生在男厕所打起来了,不让别人进去!"我立刻跟他赶到现场。只见男厕所的门紧闭着,外面还有一个"保镖",双手紧紧地拉着门锁。从他弯曲的"螳螂背"和憋得通红的脸就能想象出,里面也有一个跟他"轴对称"的"哥们"在做着相同的动作。我见状便大喊:"干什么呢?"小"保镖"看到我,立刻松开手。我拉开厕所的门,一幅画面出现在眼前:小丁同学骑在厕所的窗户上,一只脚还在室内,另一只脚已经在窗外晃荡着。只见他两手扒着窗户,身子努力地往外探着。要知道,这可是三楼,窗户下面就是水泥地面!我虽然很紧张,但还是笑着对小丁说:"这个动作可不好看哦,坐好了,老师拉你下来。"待小丁"安全着陆"后,我马上了解事情的原委。原来课间很多同学都喜欢到厕所里玩儿,小丁和小"保镖"也在厕所里打闹,结果一个要出门,一个非不让,两人开始了"拉锯战"。我到达现场后,小丁在厕所里听到我的声音心生怯意,想从男厕所的窗口跨越到隔壁的女厕所"逃逸",于是就出现了刚才惊心动魄的一幕。

【案例分析】

这个案例呈现了一个非常危险的画面,小丁同学和他的伙伴在课间活动中的行为不仅危及他们自己的生命安全,对他人也可能会造成不必要的伤害。

1. 学生个人安全意识淡薄

中小学生缺乏足够的安全意识,对危险行为可能带来的后果认识不足。课间有些学生会出于好奇、追求刺激或冒险的心理,故意尝试一些高风险的动作,如跨窗、跳山羊等,从而增加了安全事故发生的可能性。学生在课间活动时往往缺乏自制力,容易因一时的冲动或恶作剧而做出危险行为,从而忽视了自身和他人的安全。

2. 学校安全管理工作不到位

学校和班级没有定期开展安全教育活动,教育方式单一,内容不够深入,导致学生缺乏必要的安全知识和技能;学校监管力度不够,没有及时发现并制止学生的危险行为;即便发现后也没有采取有效的惩戒和教育措施,使得类似事件反复发生。另外,学校的环境设施也可能存在安全隐患,如窗户没有防护网、走廊狭窄等,这些客观因素为学生做出危险行为提供了条件。

3. 家庭安全教育缺失

家长忽视了家庭安全教育,没有在日常生活中引导孩子树立安全意识,导致孩子在学校中容易做出危险行为。家长有责任关注孩子的课间活动,鼓励孩子积极参与有益身心的课间活动,并与学校和教师共同合作,告诉孩子哪些行为是危险的,如何避免危险情况的发生,对学生的不安全行为做出提醒与警示。

4. 社会影响与个体的学习模仿

社会上的一些不良现象或网络上的不良信息可能会对学生的行为产生负面影响,导致学生模仿一些危险动作。有的学生为了追求刺激,采用冒险的方式获得精神上的愉悦。

5. 不合理的"课间圈养"

学校有时出于安全管理学生的考虑,对课间活动的形式进行了规定与约束。很多对于课间活动的约束与安排没有尊重孩子的天性以及个体发展的要求,使得孩子们就像被困于笼中的小鸟。有些教师为了避免麻烦,课间不允许学生下楼活动,在教室里也不能大声谈笑……这样的"课间圈养"让孩子们开心不起来,无法得到适当的放松与休息,更遑论良好习惯的养成。于是儿童活泼好动、喜欢探索、乐于游戏的天性与某些校园安全的管理制度之间产生了矛盾。因此,孩子们就有可能躲到没有教师看管的隐蔽且危险的场所玩耍。

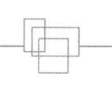

【对策建议】

针对课间安全的问题，教师应教育学生在课间活动中遵守安全规定，加强对学生的引导和教育，让学生知道如何正确地进行课间活动，避免危险行为的发生。

1. 加强安全教育，增强安全意识

学校应定期组织安全讲座、安全演练等教育活动，让学生了解并认识到危险行为可能带来的后果，提高安全意识。还可以利用课堂讲解、视频展示、案例分析等多种教育形式，生动形象地展示课间活动中可能出现的危险情况，引导学生对安全产生敬畏之心。

2. 完善管理制度，强化文明行为

学校和班级均应制订具体明确的课间活动安全规定，包括禁止的行为、注意事项等，并在班级进行公示，确保学生知晓。教师要带领学生集体学习这些规定，形成班级公约。学校的德育、安全等部门要协同管理，设置"课间文明活动"的监督岗和安全巡视员，设置班级安全委员，对学校设施的安全隐患进行经常性的排查，对学生的课间行为进行引导和监督。

3. 固定活动场所，倡导文明行为

教师要开放班级图书角，让更多的学生能够在课间有书可读，有地方安静读书。还可以组织微社团活动，规定各个社团的活动场所。老师要加强管理，确保课间活动安全有序地进行。

4. 优化课间环境，建立激励机制

学校定期对校园设施进行检查和维护，确保设施的安全可靠。同时，发现存在安全隐患的地方要及时消险，设置警示标识，提醒学生注意安全。学校可以设立安全行为表彰制度，对在课间活动中表现出色的学生进行表彰和奖励，树立安全行为的榜样。还可以鼓励学生参与课间安全管理的监督和反馈工作，

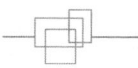

提高学生的责任感和参与意识。

5. 加强沟通指导，协同家校合育

教师定期与家长沟通学生的课间活动情况，提醒家长关注学生的安全问题，共同教育学生遵守安全规定，指导家长在家庭教育中注重安全教育，引导学生认清危险并避免危险行为的发生，培养学生的自我保护能力。

二、社会中实践安全需操练

丰富多彩的社会实践活动深受学生喜爱。通过参与社会实践活动，学生能够拓宽视野、增长见识、提升能力，促进全面发展。学生在享受多彩实践带来的乐趣和收获的同时，必须时刻牢记安全的重要性。教师要提醒、督促学生严格遵守安全规定，采取必要的防护措施，确保自己和他人的安全，还要培养学生的自我保护意识和能力，使其能够在遇到危险时迅速做出反应，有效避免或减少危险带来的伤害。

【情境案例】

某中学组织学生前往本市某景区开展社会实践活动。当日阳光明媚，景区内有一处水域可提供游船乘坐，该游船项目由私人老板承包，不少学生选择乘船游玩。然而，不幸悄然发生，一艘载有六名初三学生的机械动力游船发生侧翻，导致四位同学受伤，两位同学溺亡。根据有关部门事后调查的结果显示，两位溺亡的学生因救生衣脱落导致。

【案例分析】

诱发这起社会实践安全事故的原因是多方面的，它涉及多个责任主体。

1. 设施安全性能存在问题

游船作为承载学生的交通工具,其稳定性和安全性至关重要。如果游船存在设计缺陷、操作不当或超载等问题,就容易导致侧翻等安全事故的发生。

2. 学生存在违规行为

如果学生在游船上存在嬉闹走动或拍照等行为,就可能导致游船失去平衡而发生侧翻。此外,如果学生在穿戴救生衣时不规范,只是简单地套在身上而没有正确穿戴,那么在落水后救生衣就会滑落,无法起到应有的救生作用。

3. 景区管理与应急缺失

景区没有严格执行安全规范,没有对游船进行定期检查和维护。在应急处理方面,景区的管理能力也明显不足,救援人员没能迅速赶到事故现场,错过了最佳的救援时机。

4. 学校对活动的安全评估不足

学校与教师应在社会实践活动前对学生进行充分且有针对性的安全教育,内容应该包括乘坐游船安全注意事项及意外落水如何自救等。学校也应该对选择的服务商和活动内容、地点,进行充分的安全评估。

为了防止类似事故的再次发生,需要各方共同努力,加强安全管理和监管,提高每个生命个体的安全意识和自我保护能力。

【对策建议】

社会实践活动通常都是在校外举行,其安全工作非常重要。我们建议班主任从以下几个方面进行教育。

1. 活动前:全面教育、充分准备

教师在活动前要做好多方面的准备工作,以确保学生社会

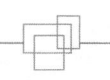

实践活动安全高效地进行。首先,要根据学情、校情、地域特点等因素做好活动方案;其次,要严格筛选活动内容,避免选择高风险或不适合学生的项目。出行前,要安排学校德育部门对学生进行全面的安全教育。一方面就实践活动的内容,提出具体的安全要求,形成关于本次社会实践活动的安全管理规定,确保学生能够理解与执行;另一方面要强调安全意识,演练自我保护的技巧,通过讲解案例、模拟训练等方式,让学生了解可能存在的风险,并教授相应的应对方法。教师应协助学校制订社会实践活动的应急预案,包括紧急疏散、医疗救助等方面的内容。同时,教师要熟悉预案内容,以便在紧急情况下能够迅速应对。

2. 活动中:现场陪同、全程监督

教师在社会实践活动中应全程陪同学生,密切关注学生的安全状况。对于可能出现的风险,教师应及时进行提醒和干预。教师应与活动组织方保持密切联系,了解活动现场的安全状况,及时获取和处理安全信息。

3. 活动后:及时反思、反馈沟通

社会实践活动结束后,教师应及时总结活动中的安全经验和教训,为以后的活动提供参考,也应关注学生的反馈意见,了解学生在活动中的感受和建议,以便改进安全管理工作。另外,教师还要加强与家长的沟通,及时反馈学生在社会实践活动中的安全情况,并听取家长的意见和建议,共同关注学生的安全问题。

4. 活动外:时时教育、处处提醒

班级定期组织安全教育活动,如火灾、地震等模拟演练,让学生在实践中学习如何应对突发事件。教育内容应涵盖家居安全、交通安全、消防安全、防溺水、防霸凌、防诈骗等多个方面。教师应时刻提醒学生注意安全,让他们明白保持安全意识的重

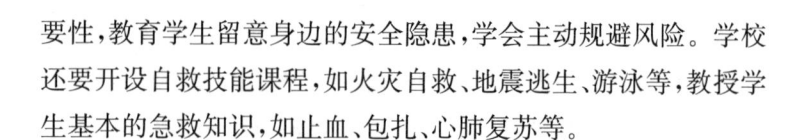

要性,教育学生留意身边的安全隐患,学会主动规避风险。学校还要开设自救技能课程,如火灾自救、地震逃生、游泳等,教授学生基本的急救知识,如止血、包扎、心肺复苏等。

三、游览加研学安全每一刻

学生在研学活动中可以相互学习、相互帮助,共同解决遇到的问题,这种经历有助于培养学生的综合素质和团队合作能力。虽然研学活动充满乐趣,也能有所收获,但是也存在一定的安全隐患。因此,我们必须时刻保持警惕,将安全放在首位,确保研学活动的顺利进行。

【情境案例】

某中学与某旅行社签订了研学旅行合同。合同约定:在研学前,中学负责对学生进行有针对性的安全教育,并在研学过程中协助旅行社进行监督管理。研学期间,旅行社负责提供交通、餐饮、门票等各项服务,制定完整的安全预案,负责整个研学过程中的安全教育和管理工作。

学生朱某参加了此次研学旅行,在景区及旅行社工作人员的带领下游览了某森林公园。下山途中,由于带队的旅行社工作人员未能控制好团队行进的速度,也未对学生尽到安全告知、警示等义务,导致朱某在赶路过程中不慎踩空台阶摔伤。旅行社工作人员对其进行了紧急治疗,并于当日下午将其送至医院治疗。经诊断,朱某为脾脏破裂、右脚踝撕脱性骨折。

【案例分析】

研学活动作为校外实践活动的一种,以其合作性、探究性、

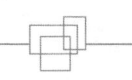

创新性等特点,越来越受到学生和家长的欢迎甚至是追捧。但在研学活动中,也常常发生一些意外伤害事件,究其原因大概有如下几个方面。

1. 研学组织者管理不到位

组织者安全管理不到位是导致事故发生的主要原因。旅行社作为提供研学旅行服务的经营者,对消费者的安全负有直接责任。在本案例中,旅行社工作人员未能控制好团队行进的速度,也未尽到安全告知、警示等义务,这表明旅行社在研学旅行的组织和执行过程中存在明显的安全管理漏洞。这些漏洞可能包括缺乏完善的安全预案,对工作人员的安全教育培训不足,对景区潜在风险的评估不够准确等。

2. 学生安全意识与能力缺失

参与研学活动的学生自身的安全意识和自我保护能力较弱也是造成安全事件的重要因素。虽然学校和教师对学生进行了安全教育,但每个学生的理解和重视程度可能有所不同。在研学旅行过程中,学生可能由于兴奋、好奇或者疏忽大意而忽略了一些安全提示和警示,从而增加了发生安全事故的风险。

3. 研学环境与管理存在安全隐患

研学地点的环境和管理也是影响研学安全的重要因素。研学场地可能存在一些潜在的安全隐患,如台阶设计不合理、警示标识不明显等。如果研学场地管理方未能及时消除这些隐患,未能对游客进行有效的安全提示,那么就容易发生安全事故。

4. 天气等外部环境因素的变化

天气变化、突发自然灾害等不可抗拒的因素也可能对研学安全造成影响。虽然这些外部因素难以预测和控制,但也需要旅行社和学校等责任方提前做好应对准备。

【对策建议】

教师作为学生的直接管理者，对研学活动的安全教育起着至关重要的作用。因此，班主任可以关注以下建议。

1. 强化安全教育，增强意识与能力

教师应定期组织安全教育活动，包括讲解安全知识、分享安全案例、进行模拟演练等，增强学生的安全意识和自我保护能力。在研学活动前，教师要有针对性地进行安全教育，并与学生一起制定研学安全纪律，要求学生必须遵守研学活动的各项规定，不得擅自脱离团队或进行危险活动。

2. 提前了解方案，做好防范演练

教师要提前了解研学活动的主题和目的，以便于帮助学生在活动中更好地完成研学任务。如果研学活动涉及特定的学科知识，还要带领学生提前预习相关知识，以便在活动中更好地理解和应用。

教师要提前分析研学活动中需要掌握的实践技能，如科学实验、户外生存技能等，以便学生提前进行学习和准备。如果研学活动涉及文化体验，学生应提前了解目的地的文化背景和风俗习惯，以便更好地融入当地文化。教师还要告知研学地点的地理位置、所在城市、区域等，以便学生了解当地的交通、气候等情况。针对研学地点的安全状况和风险点，教师要与相关专业人士一起，提前制定安全预案和防范措施。对于研学地点的设施和服务情况，如住宿、餐饮、医疗等，教师也要调查清楚，提前做好相关准备。

3. 完善管理机制，提前做好预案

教师应为每个学生建立安全档案，记录学生的身体状况、过敏史等重要信息，以便在紧急情况下能够及时采取正确的应对措施。针对可能出现的突发情况，教师应协助学校制定紧急预

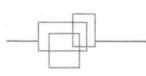

案,并做好提前演练,还要确保学生了解预案内容,知道在紧急情况下如何自救和互救。

4. 加强沟通交流,全程监督服务

教师要与研学活动的组织者建立有效的沟通机制,及时了解研学活动的行程安排、安全措施等,要全程保持密切联系,随时关注安全措施的落实并及时反馈。教师要全程陪同学生,加强纪律管理,确保学生遵守研学旅行的各项规定,维护良好的团队秩序,也要密切关注研学进展和学生的身体状况及情绪变化,及时发现并处理安全问题。教师还要与家长保持沟通,随时通报研学活动的进展情况,提醒家长关注学生的安全状况,共同保护学生的安全。

5. 参加安全培训,提升应急能力

教师应积极参加学校组织的安全培训,学习安全知识和应急技能,提高自身的安全管理能力。教师在面对紧急情况时,应保持沉着冷静,迅速做出正确的判断并采取科学的应对措施,为学生树立榜样。

【拓展延伸】

教师的角色

1. 安全教育的创新者

教师不应局限于传统的安全教育方式,而应积极探索和创新安全教育的内容和形式。例如,利用虚拟现实、增强现实等现代科技手段,模拟各种安全场景,让学生在虚拟环境中进行安全实践,提高他们的安全意识和应对能力。

2. 家校合作的推动者

教师应主动与家长建立紧密的合作关系,共同关注学生的

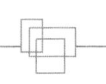

研学安全。教师可以通过定期举办家长会、建立家长微信群等方式,及时向家长通报研学活动的进展和学生的安全状况,同时听取家长的意见和建议,形成家校共育的良好氛围。

3. 安全文化的建设者

教师应致力在班级中营造一种重视安全、关注安全的文化氛围,可以通过设计安全主题的黑板报,举办安全知识竞赛,开展安全文化讲座等活动,让学生在潜移默化中接受安全教育,形成正确的安全理念和行为习惯。

4. 应急管理的协调者

教师应作为应急管理的协调者,与其他同事旅行社工作人员、景区管理人员等保持密切联系,共同制定应急预案和处置措施。一旦发生紧急情况,教师应迅速启动应急预案,组织人员进行救援,确保学生的生命安全。

5. 自我提升的学习者

教师面对不断变化的研学安全形势的挑战,应保持开放的学习态度,不断提升自己的安全管理能力和危机应变心理素质。教师可以通过参加安全培训,阅读相关书籍和文章,与其他同事交流经验等方式,不断充实自己的安全知识库,提高自己的安全管理水平。

第五节 如何保护学生的权利

督促社会各界保护学生的权利是教育工作者义不容辞的责任,而保护并不仅仅意味着"代替"和"包揽",还需要发挥学生的主观能动性,让学生清楚地意识到自己拥有受教育权的必要性、隐私权的重要性、选举权的可行性。这些权利会帮助和培养学

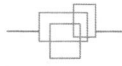

生的独立意识,使他们发展成为一个"完整的"人。

一、保障学生受教育权

我国宪法明确规定公民有受教育的权利和义务。青少年的受教育权,即指青少年依法享有接受义务教育的权利。

【情境案例】

"上课不听,作业不写,没人管了是吧？回家补,什么时候补好什么时候回来!"随着英语老师一阵阵呵斥声,小宇(化名)无力地拖拽着书包走出教室。班级里的同学无声地等着风波过去,却少有人投去同情的目光。对于小宇来说,这样的情景不止一次地出现,他既熟悉又无可奈何。父母忙着打工,无暇顾及他的学习生活。小宇面对课堂上那些晦涩难懂的知识,只能选择发呆、睡觉。这次,爷爷又推着为了接送他而改装的三轮车停在了校门口。小宇听着爷爷的数落声,算了算自己又要回家混几天日子,便一头钻进三轮车,伴随着无规律的车轮颠簸声他和爷爷缓缓消失在路口。

【案例分析】

中小学生享有受教育权利的同时也承担着时代赋予他们的义务。绝大多数孩子能认真履行作为学生的基本义务,但是有些孩子始终表现出对学习不感兴趣、消极抵触的情绪,这让老师和家长既着急上火,又无可奈何。在教学过程中,无论教师怎样生气,都不能让学生停课,剥夺他们的受教育权。

1. 学习缺乏内在动力

生活中像小宇一样的孩子还有很多,他们上课不听,作业不

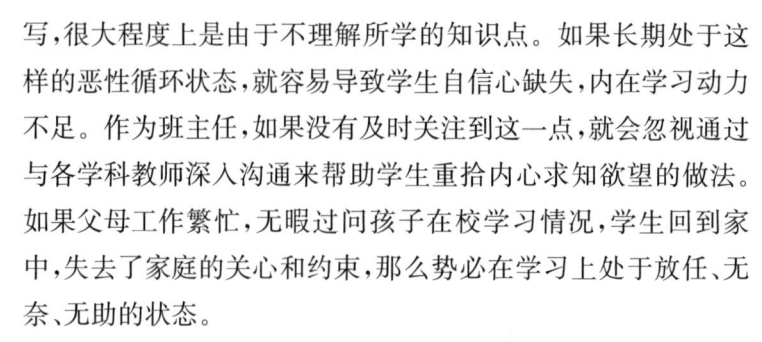

写，很大程度上是由于不理解所学的知识点。如果长期处于这样的恶性循环状态，就容易导致学生自信心缺失，内在学习动力不足。作为班主任，如果没有及时关注到这一点，就会忽视通过与各学科教师深入沟通来帮助学生重拾内心求知欲望的做法。如果父母工作繁忙，无暇过问孩子在校学习情况，学生回到家中，失去了家庭的关心和约束，那么势必在学习上处于放任、无奈、无助的状态。

2. 重学科轻师德

师德师风建设应该是每一所学校常抓不懈的工作，既要有严格的制度规定，也要有日常的教育督导，"立德树人"应放在教育教学的首位。但在片面追求学科成绩的压力下，教师渐渐淡化了对于师德的坚守，失去了对于学生的耐心与关爱。班主任及任课教师或许与像小宇一样的学生及其家长沟通过，但没有取得显著效果，于是利用职权选择了以"简单粗暴"的方式处理学生。并且，教师对学生进行惩罚后没有及时抚慰学生的心理创伤，这会给学生的身心健康造成一定的负面影响，也违背了教师师德的宗旨和初心。

3. 教育法律意识淡薄

在学校的围墙之内，学生因为自身特殊的身份而拥有特殊权利，在他们享有《中华人民共和国宪法》保障的众多权利中，受教育权是学生最重要的权利之一。学生享有参加学校教育教学计划安排的各种活动，使用教育教学设施、设备、图书资料的权利。这是学生受教育权中最基本、最核心的权利，它保障了学生能够正常接受学校提供的教育服务。

4. 家校缺少沟通

我们只有把家庭、社会、学校三者配合起来，才能够使学生健康成长。家长将孩子送进学校，就是对学校和教师的信任。

教师作为学生日常生活的管理者，如果不能保障学生在校的基本权利，甚至在没有征求家长同意的情况下直接行使教师特权，这不但影响学生身体、心理的健康发展，而且也会导致家长的内心敢怒而不敢言，从而不断积聚矛盾，会进一步失去家校之间的信任和联系。

【对策建议】

学生的受教育权是他们在校期间最基本的权利之一。作为班主任，除了尊重、保障学生的合法权益外，更需修炼"内功"，强化师德，真正从内心出发，呵护学生的身心健康，营造安全的家、校环境，为他们的生命成长保驾护航。

1. 唤醒学习内驱力

学生热爱学习，渴望成功的力量源泉，最重要的是内在的驱动力和自我激励。学校里像小宇这样的学生不在少数，他们缺乏兴趣爱好和学习方法，虽然人在课堂，但是心里备受煎熬。解铃还需系铃人，班主任应及时与各学科教师沟通，给其一个宽松的氛围，帮助学生理解学习的本质是提升自己的能力，而非为了学而学。教师要为他们"量体裁衣"，定制个人学科学习目标及学习内容，唤醒他们学习的内驱力，让学生逐渐看到自己闪光的一面，愿意从迷茫中醒悟，勇敢地面对自己的学习及人生。

2. 强化师德师风建设

2019年教育部等七部委联合印发的《关于加强和改进新时代师德师风建设的意见》中指出，遵循教育规律、教师成长发展规律和师德师风建设规律，注重高位引领与底线要求相结合，严管与厚爱并重，不断激发教师内生动力。教育最终的目标是为了每一个孩子，使他们获得心灵的自由和人格的健全，真正成长为一个有独立人格的人。班主任是班集体和学生学习活动的组织者、教育者和引导者,要以道德教育为先,走进每一个孩子内心,用智慧的方式引领他们体会到作为公民的荣誉、责任、权利和义务。

3. 培养教育法律意识

班主任不仅自己要懂法,认真学习与师生有关的各项法律,如《中华人民共和国学校法》《中华人民共和国教师法》《中华人民共和国未成年人保护法》等,还要对学生进行普法教育,如开展班会学习、校园普法大赛、法律讲座等。教师要知法守法,避免做出任何剥夺学生受教育权的行为。同时,要帮助学生及时维护自己的合法权益,师生共同构建和谐、安全而稳定的校园学习生活。

4. 促进家校真诚合作

班主任身兼数职,工作繁杂,在师生长年累月的相处中,已然成为学生在学校的"家长代言人"。我们从表面上看是一个教师管理着几十名孩子,其实教师面对的是几十个家庭,而且每个家庭对孩子都充满期待,期望老师能用心对待孩子,期待孩子能够学有所成。若想让家长安心、放心且配合、支持自己的工作,教师应主动与家长建立真诚的沟通机制,及时告知学生在校的情况,对家庭教育提出建议,作出指导。家庭与学校越是互相合作,孩子越能在这两股力量的协同中健康成长。

【拓展延伸】

学生受教育权

《中华人民共和国义务教育法》第十一条:凡年满六周岁的儿童,其父母或者其他法定监护人应当送其入学接受并完成义务教育;条件不具备的地区的儿童,可以推迟到七周岁。

《中华人民共和国义务教育法》第二十七条：对违反学校管理制度的学生，学校应当予以批评教育，不得开除。

《中华人民共和国未成年人保护法》第十六条：未成年人的父母或者其他监护人应当尊重未成年人受教育的权利，保障适龄未成年人依法接受并完成义务教育。

《中华人民共和国未成年人保护法》第二十八条：学校应当保障未成年学生受教育的权利，不得违反国家规定开除、变相开除未成年学生。

二、尊重学生隐私权

随着学生年龄的增长，自我意识的增强，保护个人隐私的意识逐渐加强，"隐私权"这一话题在学生的日常生活中出现的频率也越来越高。

【情境案例】

小然同学从小就养成了每天写日记的习惯，有时也会和好朋友分享自己记在本子里的小秘密。因为不想被父母看到日记本里的内容，她每天都把日记本随身带到学校。一天早晨，她发现自己的小秘密被班上的男同学知道了。原来是小哲偷偷翻看了小然的日记本，还把内容告诉了自己的好兄弟。小然哭着找班主任说，自己的隐私权被侵犯了。

【案例分析】

随着学生的不断成长，青春期的来临，类似案例中描述的事件会呈现出多发趋势。

1. 保护自身隐私意识欠缺

隐私是行为人不愿让他人知道或他人不便知道的信息、私事等。学生作为公民,同样享有法律所赋予的隐私权。他们的隐私内容主要包括:学生的私人信息,即学生身份资料、生活经历、政治倾向、社会关系、学习成绩等;学生的私人领域,即学生身体、寝室、箱包、日记、信件等;学生的私人活动,即学生的日常生活、社会交往等。由于法律意识的淡薄与法律知识的缺乏,使得很多学生都不太了解自己所拥有的隐私权。

2. 尊重他人隐私意识欠缺

《中华人民共和国未成年人保护法》第六十三条规定:"任何组织或者个人不得隐匿、毁弃、非法删除未成年人的信件、日记、电子邮件或者其他网络通信内容。除下列情形外,任何组织或者个人不得开拆、查阅未成年人的信件、日记、电子邮件或者其他网络通信内容:(一)无民事行为能力未成年人的父母或者其他监护人代未成年人开拆、查阅;(二)因国家安全或者追查刑事犯罪依法进行检查;(三)紧急情况下为了保护未成年人本人的人身安全。"

中小学生显然没有基本的法律意识,不知道开拆、查阅他人信笺和日记是违法行为。因此,他们容易做出侵犯别人尤其是同学隐私权的行为。不仅如此,如果还在班级里传播相关内容,导致大多数同学知道了被侵权者的隐私内容,这无疑会对被侵权人的心理健康造成严重影响。

3. 学校隐私意识教育欠缺

虽然教师对学生有管理权和教育知情权。但是也应该身体力行地尊重学生的隐私权。很多时候,教师认为自己可以翻看学生的书包等个人物品,并对所发现的不符合其心理特征的行为倾向作出警戒性提示,觉得这是对学生身心健康的关注和负责。事实上，如果没有征得学生同意，那么这种行为也是不恰当的。

中小学生由于身心发展还不成熟，他们保护自身隐私的能力不强，所以受法律保护的范围更广、力度更大，其隐私更应受到家庭、学校、社会的尊重和保护。如果班级同学对于他人的隐私毫不尊重，甚至大肆宣扬，可见在日常教学中教师对学生的尊重他人及保护自己的隐私教育还不够深入，没有内化为学生的一种良好的行为习惯。

【对策建议】

班主任老师在处理涉及学生隐私的事情时，应当考虑到学生的隐私权以及自己的处理方式在班级中产生的影响，可以从当事人、家长、班集体这三个方面展开，以期取得良好的效果。

1. 对话当事人，增强隐私保护

首先，班主任要向当事人了解情况，在征得当事人同意的情况下，询问私密内容被传播的数量，传播的具体内容是否属实，是否被同学们"添油加醋"等情况，这样可以更有针对性地教育侵权者。其次，班主任要安抚当事人的情绪。青春期的学生肯定会有很多心事，一旦被公之于众，这对于学生的心理打击是非常大的。因此，班主任要做好学生的心理疏导，并建议其将隐私保存在更安全的地方。最后，要及时找到侵权者询问偷看并传播他人隐私内容的动机，并对其及其他传播者进行法律知识普及，告诫他们这种行为是不合法的。

2. 与家长沟通，关注学生心理

家、校合力才能培养健康的人，班主任应当及时联系当事学生的家长，但是在描述事件的过程中也要注意自己的措辞，不能暴露学生更多的隐私信息。首先，要与当事人的家长交代情况

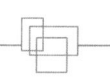

和老师的处理结果,提醒家长关注孩子的心理变化。其次,要与侵权人的家长联系,提醒家长帮助孩子树立正确的隐私保护意识,不得随意翻看别人的东西,不得传播别人的信件、日记等的内容,要学会尊重他人的隐私。最后,可以召开家长会,帮助家长树立正确的隐私观,知道即使作为家长也不该私自翻看孩子的日记、信件、网络聊天记录等。建议家长与孩子平等沟通,用对话的方式了解孩子的思想动态。

3. 开展主题班会,正确对待隐私

班主任应当及时控制班级舆论,不让事态发酵。班主任在全面掌握具体情况后,召开一次以"我有隐私权"为主题的班会课,引导学生正确对待自己与他人的隐私。首先,班主任要自主学习与学生隐私权相关的法律、文件、案例等内容,并布置学生提前学习相关法律。其次,班主任可以精选几则案例,在班会课上让学生思考后展开辩论,告诉学生应该如何保护自己的隐私权、尊重他人的隐私权,同时要引导学生正确认识教师和家长作为自己的教育者和监护人所拥有的知情权。最后,班主任可以与全班学生一起制定"班级同学隐私保护管理守则",明确学生和教师在保护隐私方面的权利和义务。

【拓展延伸】

学生的隐私权与教师的知情权、学校的管理权

学生的考试分数是不是他的隐私?

在教室内安装监控是否会侵犯学生的隐私权?

如果发现学生带了危险品,而又拒不拿出,教师能不能对学生进行搜身?

学生的宿舍是否可以随意检查?

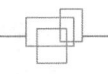

学生接受心理辅导的内容是不是应该保密?

学校对学生实施的惩戒是否可以公开,应公开到何种程度?

……

这些问题都是在学校教育教学活动中产生的,有些属于法律管辖的范畴,而有些是属于教育方法、管理策略的问题,而且学生的年龄越小,需要受到的监管力度就越大,其复杂程度就越高,同时受教师自身素质和管理水平的影响也就越大。

教职工侵犯学生隐私权常常是导致师生之间矛盾冲突的重要因素之一。因此,学校和教师在履行对学生的教育管理职责时,应当充分考虑学生的年龄、性别、家庭背景等因素,注意方式、方法,尽到对学生保护的义务。

三、用好学生选举权

随着年龄的增长和社会参与意识的增强,公民意识在学生心中逐渐萌芽,"选举权"这一概念在学生的社会政治生活中愈发重要,他们在实践中对这一权利的认识和理解也更加深刻。

【情境案例】

某班的班干部换届选举,原先的班长小敏落选了。小敏成绩优异,具有为班级服务的热情,而且工作一向认真负责,不免"得罪"了一些不遵守纪律的同学。班主任了解到,有几个同学在选举前通过买零食、文具送给同学们的方式"拉票",让小敏落选,而这几个同学分别被选举为班长、纪律委员等。班主任获悉情况后便安抚小敏,但是小敏当着全班同学的面喊道:"老师,你不公平!"

【案例分析】

　　民主选举班干部是中小学生实现自我管理、自我教育和自我服务的重要举措，对于班集体建设有重要意义。学生自己选出的班干部就会有一定的威信和感召力，便于班级工作的开展。

　　1. 教师缺乏正确引导

　　中小学采用民主选举的方式建立班干部队伍，是学生自主管理班级的体现。这种方式既能锻炼学生的能力，又能引导学生理解民主的意义，形成民主意识，树立正确的价值观。在学生的班级生活中，选举权是学生参与班级管理、表达自主意愿的权力，它体现在两个方面：一是个体对于集体生活的参与；二是个体之间的自由交往。班干部制度是班级管理运作机制的核心。教师指导下的民主选举班级管理队伍，是学生积极参与、体验班级管理的重要事项。案例中的学生，对于民主选举权没有形成正确的认识，误以为民主选举只是学生自己做主。教师对于班集体成员的选举权，应该给予正确而充分地引导。

　　2. 学生热衷成为"干部"

　　部分班主任老师认为，班干部就是帮助其"管班"的，一味地追求用班干部"管住"学生，以"管住"学生替代"发展"学生来指导班干部制度的运行，使得学生普遍看到的是班干部的管理属性，而没有看到其服务属性。教师的这种想法在无形中将班干部推到高高在上的位置，同学之间的平等关系泛化成社会组织中的上下级关系。由此，班干部也被赋予很多特权，成为同学们崇拜向往的对象。同时，家长也敏锐地察觉到，班干部身份能让孩子得到老师更多的关照和一些额外资源，所以很多家长也会促使孩子用成年人的方式加入班干部的选举。经济条件好的家长动用人脉关系，甚至是以资金投入的方式为孩子争取一个"好人缘"，有知识文化的家长则为孩子撰写演讲稿、制作PPT等准

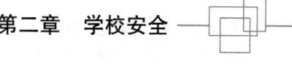

备工作来支持学生的竞选。

【对策建议】

班级民主选举制度的存在具有重要的教育价值,我们应该对此制度持有积极的态度,要让学生珍惜自己的选举权。针对目前出现的一些问题,我们可以从理念建立、制度创新、边界厘清三个方面入手加以修正和完善。

1. 理念建立:行使选举权,促进学生发展

在实施班干部制度的过程中,教师应当建立"以生为本"的理念,即以学生的发展为本,以学生需要为重,以服务于学生成长为目的。首先,要让学生明白,选举权是公民的重要权利。班级中选举班干部的权力,是作为班集体成员参与班级管理的重要体现,因此要珍惜选举权,慎重行使选举权,选出自己心目中的班干人选。其次,要引导学生明确班干部的责任和义务,除了管理班级的责任之外,还有服务班级同学的义务。管理的目的并不是把同学"管住",而是以服务和发展同学为目的,为班集体成员的学习提供一个良好的环境。此外,班主任也要用发展的眼光看待学生,民主选举出来的班干部并不是一开始就能够完全胜任工作的,管理与服务的过程本身也是班干部提升综合素养的过程。最后,班主任还要关注全体同学的身心健康发展。在班干部履职的过程中,班主任要抛弃控制思维和居高临下的威权姿态,以引导者的身份参与班级生活,注重学生、特别是非班干部学生的诉求,倾听并正确地采纳学生的意见和建议,给予学生发挥主体作用的机会。

2. 制度创新:丰富岗位设置,规避腐败风险

首先,岗位制度方面。教师为促进班级学生参与班级管理,可以丰富班干部职位的设置,增设一些如绿植整理员、开关管理

员的岗位,让全体学生都参与班级的管理,树立大局意识和服务意识,形成班级事事有人做,人人有事做,人人都是"班级小主人"的良好局面。

其次,选举制度的设计方面。教师在选举前可向学生阐明班干部的职责,帮助学生了解班干部的责任与义务是相辅相成的,同时要将选举中"公平、公开、公正"的原则传递给班集体成员,表明坚决抵制选举中采用不正当竞选方式的立场。选举过程中,采用"自我推荐—竞选演讲—民主投票—公开统计"的流程,同时设置监督机制,让班干部选举接受全体学生及教师的全程监督。选举后,班主任要对班干部履职情况进行细心观察、常态指导,以便及时发现并纠正班干部群体中的错误思想和行为,定期开展班干部培训与述职活动,让班干部接受其他同学及教师的民主评议。

3. 边界厘清:改变家长观念,各自守好责任田

家长是家、校合作工作的共建者,是学校和教师的同盟军,要充分调动家长与学校、教师的积极性,形成教育合力,共同促进学生的终身教育。因此,应当厘清家长参与学校事务的边界,在此基础上组建校委会、家委会、家长会、家长志愿者团队等,让家长参与学校治理的平台与组织,形成同向同行、合作和谐的教育环境。首先,应当引导家长明确其作为学校同盟军的责任,鼓励家长以参与者和协助者的身份加入学校各项教育工作。其次,要引导家长明确其在学校教育中的权力界限,即对学校及班级事务的知情权、监督权、参与权。家长可以配合、支持、监督、议论学校教育,但是不能超出其权利边界而越俎代庖。在班干部选举之前,学校和班主任应通过家长会等渠道,引导家长对班干部选拔的公平性和民主性形成正确的认知。再次,对家庭教育做必要的指导,提醒家长充分尊重孩子,营造民主的家庭氛

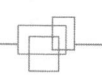

围。学校和班主任必要时还需提醒家长以身作则。家长表现出来的对某些身份和职位的向往,会潜移默化地影响孩子的认知,家长的部分错误言行也会为孩子提供错误的示范。学校要让家长认识到,为了家、校合作的正常开展,也为了孩子的健康成长,家长需要为孩子树立好的榜样。

【拓展延伸】

班级岗位职责

岗位		数量	职责
班干部岗位	班长	1	全面负责班级工作,管理班干部团队
	副班长 学习	1	负责班级学习情况,管理课代表
	副班长 纪律	1	负责班级纪律情况
	副班长 卫生	1	负责班级卫生值日情况
	副班长 体艺	1	负责班级体育、艺术活动组织和排练
	组长	每4人1个	负责4人小组日常管理,配合班级各项工作
	课代表	6	负责协助任课老师布置、督促、收发作业
监督岗位	法院 院长	1	通过征集意见、投票的方式制定班规,落实违纪行为处罚,负责对异议处罚的复议工作
	法院 书记员	1	记录违纪行为,根据班规作出处罚
	法院 执行员	1	执行违纪行为的处罚
	检察院 检察长	1	监督老师的言行,收集学生合理的建议上报老师

第六节　如何健康上网

互联网是一个巨大的信息平台，它为学生获取信息、人际交往、娱乐休闲等带来便捷的同时，也对学生的求知途径、思维方式、价值理念产生巨大影响。对于正处在人格形成期的中小学生来说，如何引导他们进入健康的互联网环境，如何帮助他们辨别网络信息等都是重要的教育问题。

一、面对"网暴"要说不

网络暴力是指一种由网民在网络上散布具有诽谤性、污蔑性以及煽动性，侵犯名誉、损害权益的言论、文字、图片、视频等不实信息的行为。它会给他人的名誉、权益和精神造成损害，是一种危害严重、影响恶劣的违法行为。现如今网络暴力年轻化的趋势越来越明显，已经成为不容忽视的社会问题。学生是否意识到网络暴力的存在，是否无形间对他人使用了网络暴力，又或者是在遭受网络暴力时应该如何有效应对，这些都是值得关注的问题。

【情境案例】

潇潇是一名高一的学生，性格开朗活泼，因被误会为告密者而遭到一些同学的辱骂。其他同学也都事不关己的当起旁观者。潇潇不敢把学校发生的事情告诉任何人，只能自己默默忍受。不久之后，事件愈演愈烈，朋友圈里疯传一些图文并茂的"证据"，指责潇潇是"渣女"，文章还被多个微信号恶意转载。潇潇为此吃不下饭，睡不好觉，变得害怕去学校。她为了自己的清白，联系了首发这篇文章的公众号管理员并要求其删帖，对方虽然同意删帖，但要求潇潇支付一笔"删帖费"。潇潇担心这篇文章继续扩散，便向其支付了"删帖费"。潇潇以为帖子删除，生活便会恢复正常，可没想到她仍无法从事件中走出。妈妈察觉后便带其就诊，经诊断潇潇患上重度抑郁。后来在妈妈的帮助下潇潇选择了报警。经侦查，警方证实文章内容全部是凭空捏造的，该文作者和公众号运营人员也因涉嫌编造、故意传播虚假信息和敲诈勒索被警方处理。

【案例分析】

　　互联网在未成年人中普及率高达94.9%，其中，近三成中小学生曾遭遇网络暴力，网络暴力年轻化的趋势十分严峻。

　　首先，中小学生自身素质和辨识能力欠缺，导致网络言行等失去道德的约束。中小学生的自我意识随年龄增长不断觉醒，渴望被别人关注，如果在现实生活中他们的这种需求难以得到满足，便可能在网络空间宣泄情绪。由于青少年群体自控能力不足，行事情绪化，容易冲动，同时他们的道德认知和法律意识也相对淡薄，认为利用网络虚拟空间的匿名性特点便可"去责任化"，所以随意发表伤害他人身心健康和扰乱生存环境秩序的不当言论，最终演变为网络暴力行为。

　　其次，网络平台监管相对滞后，导致对于学生个人的网络监测与追踪迟缓。网络具有信息传播范围广、速度快的特点，且学生"入网"门槛低，各社交平台在提供服务的过程中并没有设置有效的监管措施，导致网民在网络环境中肆意发言，最后却因调查成本过高、施暴者人数众多而难以追责，中小学生网民当然也在此列。

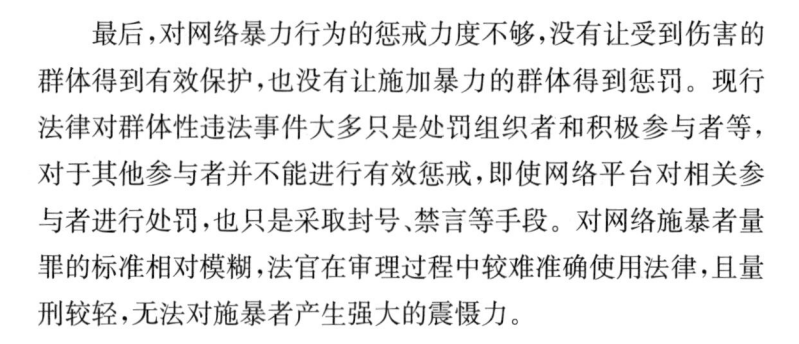

最后,对网络暴力行为的惩戒力度不够,没有让受到伤害的群体得到有效保护,也没有让施加暴力的群体得到惩罚。现行法律对群体性违法事件大多只是处罚组织者和积极参与者等,对于其他参与者并不能进行有效惩戒,即使网络平台对相关参与者进行处罚,也只是采取封号、禁言等手段。对网络施暴者量罪的标准相对模糊,法官在审理过程中较难准确使用法律,且量刑较轻,无法对施暴者产生强大的震慑力。

【对策建议】

我们要减轻网络暴力事件对中小学生的影响,一方面,要引导、鼓励、支持中小学生在遭受网络暴力时勇敢求助、正当反抗;另一方面,要加强对学生的教育和引导,尽量从源头上减少中小学生发生网络暴力事件的概率。

1. 提高认知水平,培养正确"三观"

班主任在日常的教育中要时刻关注学生"三观"的发展状况,提高他们的认知水平,并尽可能提供更多的社会实践机会来提升他们的社会阅历。还可以借助班会课、圆桌会、读书沙龙等形式研讨"网暴"的相关问题,以提高学生的"免疫力",确保他们在遇到类似问题时,不会过早陷入危机之中。例如:可以召开"拒绝网络暴力"的主题班会,围绕了解什么是网络暴力、网络暴力的危害及影响,发起拒绝"网暴"倡议等活动。

2. 尽早发现端倪,及时干预处理

我们防止"网暴"事件持续恶化的关键在于尽早发现,及时干预。中小学生由于自我应对能力有限,大多数情况下,事件的不良影响很容易快速蔓延,这就需要及时地发现和干预,以免情况持续恶化。班主任要想尽早发现不良状况,需要构建"学生—教师"之间良好的信任关系,这样学生才会有寻求教师帮助的意

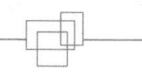

愿和信心,教师才可能更早地了解事件的基本概况。同时,班主任在日常管理中也要对班级学生出现的精神不佳、行为偏差、状态异常等现象保持一定的敏感度。

3. 构建保护屏障,避免弱势落单

学生群体在"网络暴力"中往往属于弱势一方。班级作为一个集体,应当在学生的学习和生活中构建出一个集体性的"屏障",这不仅可以提升班级的整体凝聚力,也能够在一定程度上保护群体中的学生个体。要避免多数同学持旁观、凑热闹的心态,老师要引导这些学生联合起来,组成集体性"屏障"的一部分,是防止"网暴"侵害的关键。我们在校园中构建"以群体保护个体,以合力护佑弱势"的"屏障",是面对愈发多样的"网暴"行为最为直接和有效的方式之一。

4. 多方携手应对,寻求专业帮助

如果班主任已无法应对网络暴力给学生带来的严重危机,就应当根据不同的情况适时寻求专业机构人员的帮助。例如:司法人员、心理专家、医疗卫生工作者等。同时,还可以联合家长,共同帮助孩子应对网络暴力。我们可以对家长进行预防网络暴力的相关培训,梳理出应对网络暴力的三个步骤。第一步,不回应。愤怒的回复会使火药味变浓,让那些实施网络暴力的人觉得有借口继续违法,最好的做法就是"举报—拉黑—删除"。第二步,保存证据。在设备上将网络暴力的证据,截图保存下来。第三步,寻求解决方案。家长需要了解网络暴力的来龙去脉,寻找可能的解决方案。

【拓展延伸】

1.《未成年人网络保护条例》

这是我国出台的第一部专门性的未成年人网络保护条例,

重点规范了网络信息内容,涉及保护个人信息、防治网络沉迷等方面。该条例明确国家网信部门负责统筹协调未成年人的网络保护工作,并规定网络产品和服务提供者、个人信息处理者、智能终端产品制造者和销售者等对未成年人的保护义务。

2.《中华人民共和国未成年人保护法》

该法律禁止任何组织或者个人对未成年人实施网络欺凌,赋予未成年人及其监护人有通知网络服务提供者采取删除、屏蔽、断开链接等措施的权利。

3.《关于依法惩治网络暴力违法犯罪的指导意见》

该意见由最高人民法院、最高人民检察院和公安部联合发布,明确了网络暴力罪名的适用法则,以及针对未成年人实施的网络暴力行为的处罚规定。

4.《中华人民共和国网络安全法》

第47条规定,任何组织和个人不得通过网络以文字、图片、音频、视频或者其他方式进行侮辱、诽谤或者恶意攻击他人,包括未成年人。

二、流量新宠莫武断

目前,短视频行业正处于高速发展的阶段,用户通过短视频快速获取丰富信息的同时,也享受着娱乐休闲的时光,可以说短视频已经成为舆论宣传、信息传播、文化生活的重要媒介。同时,因为短视频的准入门槛低,流量新宠"网红"的素质参差不齐,所以对未成年人产生了许多消极的影响。

【情境案例】

在全民直播的浪潮下,一些"素人"通过屏幕快速跃升为"网红"，享受流量带来的巨大福利。这也吸引了一些中小学生。他们拿起手机，将成为"网红"视为人生目标，借用父母的身份证注册账号，画上成熟的妆容，打造高级人设；或直播刺激的游戏，享受虚拟的夸奖；或寻找精神安慰，结交网络友情；或编造剧情故事，追逐流量风口……"网红们"上涨的粉丝、高点击率的视频以及流量变现带来的金钱诱惑，让不少中小学生的心蠢蠢欲动。

【案例分析】

  为什么不少中学生沉迷于网络直播，将成为"网红"视为自己的人生目标呢？可能包括以下几点原因。

  1. 学生追求个性化展示

  首先，中小学生的自我意识随着年龄的增长而不断发展变化，他们觉得自己不再是需要父母照顾的孩子，从而逐渐表现出成人化的言行，并且渴望得到认同与尊重。其次，中小学生中手机普及率较高，互联网上各种题材的短视频快速传播，粉丝群体的扩大，流量的快速变现，让他们看到了生活的无限可能性，单纯地认为拍拍视频就能够成为有丰厚收入的"网红"。同时，中小学生对音乐、舞蹈、绘画、手工艺等有浓厚的兴趣和粗浅的认识，他们希望通过直播展示自己的才能并得到观众的认可和支持，也许顺便可以捞点"外快"。

  2. 家长对学生的关心缺失

  家长习惯用"只要好好学习，其他都不用管"这句话来教育孩子，却忽略了孩子真正的心理需求。多数父母忙于工作，只关心孩子的学习成绩，让很多孩子觉得现实是冷酷的，不少心理脆弱的孩子被这样的家庭氛围压得喘不过气，即使有很多心里话也不愿意跟家长倾诉。此外，很多家长为了方便联系孩子而为孩子配备了手机，却因为监管不够，很容易让中小学生迷失在网络上扑面而来的、夺人眼球的信息中。与此同时，"流量变现""网络社交""群组热聊"等新兴的互联网功能，正将学生从沉静的现实世界拉进热闹的网络虚拟世界。

3. 学校对学生引导不足

随着学业压力逐渐增大，学生需要完成大量的学习任务，这对于一部分学习能力较低的孩子来说是巨大的挑战。由于多种因素造成教师更看重学生的学业水平，使得这部分学生失去学科成绩上的获得感，很容易对学习丧失信心，从而去寻找其他方面的成就感。此外，学校在引导学生如何正确释放压力方面做得不够好，学生只会通过看视频、打游戏、网上聊天来缓解自己的压力，久而久之，他们也习惯了从网络世界中寻求安慰。

4. 低学历"网红"现象的兴盛

"网红"主播们的素质参差不齐，许多"网红"学历较低、文化涵养不足，靠博眼球的段子和不恰当的言谈举止获得了无数粉丝，得到众多人的吹捧。这种现象对中小学生造成诸多不利影响。本该以学业为重的学生，受拜金主义的影响，只想着赚钱、花钱，他们对于科学文化知识不感兴趣，认为学习成绩不重要，将做"网红"视为头等大事，形成了错误的人生观和价值观。

【对策建议】

班主任面对这样的"追星"行为，可以通过个别教育与集体教育，同时联合家庭教育的方式共同对学生加以引导。

1. 个别交流，对症下药

班主任首先要与有做直播、当"网红"想法的学生进行交流，了解学生为什么要做这件事，从而因材施教，选择合适的方法对症下药。如果学生是因为家庭条件不好的缘故，那么班主任应

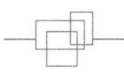

在不伤害学生自尊心的前提下帮助学生。例如,可以通过申请贫困补助等方式,提供适当的经济上的帮扶,并在日常生活中对学生加以关心和帮助。如果学生只是单纯的因为不想学习,羡慕那些"网红主播"有名气,那么应当告诉学生,想要做一名"网红",没有知识,没有任何文化基础也是很难成功的,网络上的成功案例只是极少数,不能只看到"网红"表面的光鲜亮丽。

2. 集体教育,提高综合素养

班主任要经常举行班会课或者辩论会,选择一些有关"网红"的纪录片、短视频或新闻媒体对于他们的采访等信息,教师要与学生一起分析视频,探讨其中的奥秘,帮助学生搞清楚到底什么是"网红"。在短视频快速发展的今天,网络上有真才实学、正能量满满的"网红";也有低级趣味、缺乏道德底线、博眼球、蹭热度的"网红"。教师要引导学生认识到不应该学习后者,而要成为前者,需要有丰厚的文化素养,要付出艰辛的努力。通过班会课上同学们的集体讨论,让学生明白真正的"网红"是有文化涵养、有正确的三观,能够引领潮流的人。教师通过积极的引导,压缩不良"网红"的生存空间,积极弘扬先进文化,抵制娱乐至上的不良文化。

3. 家校合作,共同监管

在这个"流量为王"的时代,除了学校教育,家长对孩子的监管也不容忽视。作为班主任,可以通过召开家长会,向家长介绍现在孩子的心理和当下的社会现状。家长应基于网络文化背景下学生的心理特点,采取积极的措施进行引导。例如,提升其网络分辨能力,加强网络自律意识与自控能力建设,帮助其形成正确的价值观与人生观,让孩子们形成健康人格。同时,学校也可以建立一定的展示平台,鼓励有特长的学生通过学校的平台展示个人风采。

【拓展延伸】

直播行业现状

根据《中国网络表演(直播与短视频)行业发展报告(2022—2023)》,以直播为主要收入来源的主播中,95.2%的月收入为5 000元以下,仅有0.4%主播月收入10万元以上。绝大多数主播都是低收入群体。截至2022年底,我国网络表演(直播)行业主播账号累计开通超1.5亿个,内容创作者账号超10亿个,这意味着每个主播都要面对数百万、甚至数千万的竞争对手,有些主播一夜成名,也有些主播一夜跌落谷底。"网红"的存活率只有1.2%,大多数主播像烟花一样转瞬即逝。

三、网络消费需引导

互联网购物已成为我们一种日常的生活方式。互联网购物平台品类丰富,价格实惠透明,不受时间、地点的限制,支付快捷安全,它给我们的生活带来便捷的同时,也存在一定风险,尤其对尚未形成正确价值观、消费观的未成年人来说更是如此。

【情境案例】

高二(2)班的小葛,自从升入高中便在学校住宿,为了弥补孩子日常得不到家人照顾的缺憾,让孩子的住校生活更加舒适,小葛的父母每个月都给小葛1 000元零花钱购买生活用品。可没想到,小葛逐渐迷上网络购物,虽然商品单价不高,但是由于频繁购买,每个月也要花去几百元,有时甚至上千元。对此,小葛的父母虽不支持,但考虑到孩子也没买什么不好的东西,有的还与学习有关,也没有过多地管束。随着时间的推移,小葛的消费次数越来越多,金额也越来越大,高定价的商品开始出现在小葛的购物清单上。父母还发现,小葛对网购似乎还有些上瘾,每天必须去逛一逛她喜欢的购物网站,有时还会耗费大量时间在多个不同的购物平台上比对商品。这样的网络消费,既造成了家庭财产的损失,也导致小葛学业上的分心。因此,小葛的父母找到班主任,想请班主任对其进行教育引导。

【案例分析】

我们要仔细思考是什么原因造成了中小学生的非理性消费行为的发生。

1. 较自由的网络消费经济实力

我们很多的中小学生都成长在"四个老人、两个中青年、一个或两个小孩"的"4+2+1"家庭或"4+2+2"的家庭中。家长们对孩子抱有较高的期待,而且过分溺爱,因此尽力为孩子提供最为优质的生活和学习条件,满足其各种要求,这其中当然包括对手机与金钱的需求。即使家庭条件普通,多数家长也秉持着"再苦不能苦孩子"的教养理念,尽力满足孩子的需求。

2. 缺失消费观的引导和培养

中小学生在拥有较为自由的消费权的同时,并没有获得正确的消费引导,不理性、不合理的消费在日常生活中比比皆是。例如:不考虑实际需求的盲目消费,渴望认同的从众消费,追赶时髦、偏爱小众的求异消费等。同时,由于社会经验和身心发展的限制,中小学生更加容易受到各种促销活动和营销手段的影响,如限时折扣、明星代言等,导致冲动消费的产生。

3. 网络消费的便捷和自身理财观念的缺乏

网络消费的便捷和自身理财观念的缺乏,导致学生消费次数的增多、消费金额的增大。网络时代解决了中小学生因课余时间不充裕而无法进入商场自由购物的难题,满足了他们的消费需求,正所谓足不出户便可"购尽天下"。再加上理财观念不强,甚至没有任何理财观念,自然会出现消费无计划,消费结构不合理,购买的产品不实用等问题。

4. 金钱流失感的弱化和劳动不易的低体验

金钱流失感的弱化和劳动不易的低体验造成了中小学生网络消费行为的随意性。特别是电子支付的普及,金钱的花销对于中小学生而言就变成了数字的游戏,失去了钱币所特有的实物感。如果消费缺少了"仪式感",也就少了分慎重,多了分随意,这在网络消费中更加明显。同时,全身心的学习也导致中小学生对于劳动的低参与、低体验,他们无法了解,也更无法感受劳动的不易、赚钱的不易,再加上父母也极少会在孩子面前说起自己的艰辛,这也导致中小学生消费行为的随意性。

【对策建议】

面对学生的网络消费不理性行为,班主任可以从加强对于学生的教育引导和家庭的教育指导两个方面做好工作。

1. 了解学生实际需求

班主任可以从自己的网络消费经验谈起,引导学生以放松的心态进行面对面交流。邀请学生介绍几件从网络平台购买的、自己比较满意的消费品,发掘学生网络消费的真正目的。鼓励学生分享几次自己觉得最糟糕的网络消费经历,借此纠正学生不理性的消费理念或行为。教师要针对交流中发现的学生消费的闪光点或不足之处进行及时的表扬或提醒。

2. 引导学生理性消费

引导学生理性消费的班会教育活动主要有如下几个环节:网络消费现状调查,网络消费观念培养,正确理财观念学习,网络消费安全提醒,网络消费维权指导。在活动中,教师应不断鼓励学生分享自身的网络消费经历,在成功或失败的网络消费经历中总结经验并吸取教训,这样才能引起学生共鸣,达到教育的目的。

3. 营造健康的家庭消费观

我们在对学生进行教育引导的同时,也要对家长进行消费行为的正向劝导,指导家长主动加强消费知识的学习,规范自己的消费行为,为孩子做好榜样。家长要合理规划家庭日常开销,避免过度消费。同时,鼓励家长带着孩子,通过一定的职业访问或体验来感受劳动和赚钱的不易,要给中小学生灌输攒钱、理财的观念,也可以根据学生的年龄,教会孩子做消费计划,还可以给孩子小额资金进行理财。

4. 家长的榜样示范

家长需要转变"再苦不能苦孩子"的错误的教养理念,更要转变"只要成绩"的错误育人观念,扭转"以钱代爱"的错误育孩做法。这样的思想观念只会将孩子引入不懂得自力更生、不懂得勤俭节约、不懂得劳动辛苦、不懂得感恩父母的"圈套"之中。教师要鼓励家长多倾听孩子的心声,了解孩子内心的情感需求,根据孩子的实际需求,有计划地给孩子零用钱。

5. 弘扬勤俭节约精神

艰苦奋斗、勤俭节约是中华民族的优良品德,在曾经的艰苦岁月中,我们的祖辈、父辈就是这样做的。我们生活在条件优越的今天,不仅自身仍要坚持这种美德,也要引导学生弘扬和传承勤俭节约的精神,抵制高消费、乱消费的错误做法。班级里还可以长期设立以物换物的"跳蚤柜台",以此培养学生的勤俭习惯。教师还可以联合家长为学生提供劳动实践的机会,体会劳动的辛苦。

【拓展延伸】

　　同伴关系作为青少年时期最重要的人际关系之一，有时甚至会超越亲子关系和师生关系的影响。同伴接纳反映一个群体对个体的喜爱程度，友谊则反映一个人和好朋友的亲密关系。这两个维度在个体的发展中扮演了不同角色且起到同等重要的作用。高质量的同伴接纳和友谊支持可以促进个体人格的发展，对个体在学业、情绪、网络成瘾等方面分别有着促进、保护、远离的作用。

　　我们可以将频繁浏览购物网站、频繁网络消费纳入网络成瘾的范畴，同时将其纳入同伴关系中，因此不仅可以从学生自身的消费观、理财观、劳动观入手，还可以从同伴关系的建立中进行尝试，营造积极向上、作风优良、艰苦奋斗、勤俭节约的班集体氛围。教师注意对学生个体交友的引导和指导，从而避免因受同伴接纳和友情困扰而产生的从众心理或孤独感，进而避免引发包括沉迷网络消费在内的各类网络成瘾问题。

第三章
心理健康

　　学生的自主人格的形成,适应能力、创造能力等各种能力的提升都需要以心理健康为基础。在强调素质教育的今天,班主任要站在科学的立场,用有效的方法引导学生保持良好的心理健康状态,从交往与社会适应、情绪与行为调控、心理问题与援助这三大中小学生常见的问题入手,帮助学生真正走出心理困境,拥抱精彩人生。

第一节　心理健康成长

　　青少年正处于身心发展的重要时期,随着生理和心理的变化,他们在面对学习、生活、人际交往等方面的压力时,很容易产生心理困扰,从而影响身心发展。因此,开展中小学生心理健康教育,不仅能培养学生良好的心理素质,促进社会稳定,也是学校发展素质教育的内在需要。

一、心理健康的标准

　　随着社会的发展,人们对心理健康的认知越来越深刻。从广义来说,心理健康是指的是一种持续高效而满意的心理状态;

从狭义来说,心理健康是指知、情、意、行的统一,人格完善协调,社会适应良好。

人们对于心理健康的定义有不同的阐述,比较有代表性的有三种。《不列颠简明百科全书》中的定义是:"心理健康是指个体的心理在本身及环境条件许可的范围内所能达到的最佳功能状态,但不是十全十美的绝对状态。"学者江光荣归纳心理健康定义的维度为:自我认识和自我态度,人际态度和社交能力,生活热情和有效解决问题的能力,个性结构的内在协调性[①]。第三届国际心理卫生大会给心理健康的定义为:心理健康是指在身体、智能以及情感上能保持同他人的心理不相矛盾,并将个人心境发展成为最佳的状态。

当然,心理健康是一个动态的、不断发展变化的过程,不同年龄阶段的心理健康标准也是不同的。因此,心理健康的标准是相对的。积极的心理总是能够在不断地顺应和改造环境的过程中进行自我调节。

二、心理健康教育的意义

心理健康教育也称心理卫生教育、心理品质教育或心理素质教育。它是一种提高人的整体素质、发展个性的教育,是一种主动的、超前的教育[②],心理健康教育是素质教育的一部分,全面认识心理健康教育是现代教育的必然,具有重要的现实意义。

1. 有利于青少年的健康成长

青少年时期是人生中非常重要的阶段,该时期人的身高、体

---

① 江光荣.心理咨询与治疗[M].合肥:安徽人民出版社,1995:73—74.
② 刘卫.学校心理健康教育的意义和途径[J].江西财经大学学报,2001(6):62—63.

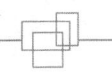

重迅速增长,慢慢出现性成熟,自我意识的发展和身体的变化打破了心理的平衡。处于这一时期的青少年思想上寻求独立,同时带有一定的批判性和片面性;他们精力充沛,但行为带有一定的冲动性和幼稚性;身体变化带来的心理不安,要求独立而得不到满足的烦恼,以及青春期的叛逆等各种困惑,极易造成心理的不平衡。随着社会结构的变化,学业负担加重,交往方式的复杂,青少年的心理弹性越来越弱,社会适应能力令人担忧,因此,在中小学开展心理健康教育是青少年健康成长的必然需求。

2. 有利于适应社会发展的需要

现今,我们教育的重心逐步从教给学生已有的知识转向培养其终身学习的能力,也就是要求学生学会求知、学会做事、学会共处、学会生存。大量研究显示,拥有稳定情绪、毅力顽强、积极乐观、健康向上等良好心理品质的人,成年以后更有可能发展成为杰出人才。然而,经济的发展带来许多社会变化,比如离婚率的上升,互联网的普及,沟通方式的改变等,这对青少年的心理发展产生了消极的影响。如果任其累积而超出青少年的心理承受能力,就很容易形成懦弱、孤僻、退缩等人格障碍。面向全体学生进行心理健康教育,预防与消除学生心理问题,既是现代教育的要求,也是社会发展的需要。

3. 有利于深化学校德育工作

学校德育工作的重要内容之一就是心理健康教育。学生良好道德品质的形成需要健康的心理素质作为基础,开展心理健康教育需要准确了解青少年的心理特点,把握他们的心理需求,因此要让学校的德育工作开展得更有针对性。传统的德育工作一般以说服教育为主,忽视青少年的心理感受和接受能力,其育人效果大打折扣。心理健康教育要采用比较有趣、符合学生不同年龄阶段的身心发展特征与需要的形式开展,比如校园心理情景剧、团体辅导活动、心理游戏等。这些形式具有体验性和探索性,对学生更加尊重和包容,可以在更大程度上调动他们的主观能动性。当把心理健康教育相关的内容和方法融入德育工作中,用心理健康教育的方法与技术去组织开展德育活动,能丰富德育工作的形式,提高德育的实效性和吸引力,让道德教育充满温情和人性。

4. 有利于素质教育的达成

《中国教育改革和发展纲要》明确指出:"中小学要由'应试教育'转向全面提高国民素质的轨道,面向全体学生,全面提高学生的思想道德、文化科学、劳动技能和身体、心理素质,促进学生生动活泼地发展。"心理健康素质作为学生综合素质的重要组成部分,能够促进人的全面发展,是提高青少年综合素质的基础。因此,充分开发青少年的潜能,培养学生乐观、向上的积极心理品质和坚韧不拔的意志,艰苦奋斗的精神,增强青少年适应社会生活的能力,促进人格的健全发展是素质教育的应然要求。学生的心理是否健康,关系着学业能否顺利完成,能否实现人生价值,能否为社会作出贡献。重视心理健康教育,从某种意义上来说,它是学校素质教育的"生长点"。

5. 有利于提高教师心理素质

相关研究表明,教师的心理素质与学生的心理素质呈密切正相关关系。教师的心理素质高,学生的心理素质也高;教师的心理素质低,学生的心理素质也低。不容乐观的是,有相当一部分教师缺乏相应的心理健康教育专业知识,当学生出现抑郁、厌学、焦虑等心理问题的时候,教师不能及时有效地识别,更谈不上采用合适的方法进行疏导。也有一部分教师自我心理素质较差,当在工作、生活中出现压力的时候,缺乏自我调节的意识和方法,甚至把不良情绪发泄在学生身上。此外,教师心理健康知

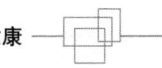

识的匮乏也无形中对学生造成了隐形伤害。因此,在学校普及心理健康教育知识,开展心理健康教育,可以有效提升教师的心理素质,提高教师的职业幸福感。

三、心理健康教育的内容

青少年时期是个体身心发育的重要阶段,是心理问题、情绪问题和行为问题的高发期。国家教育部在《生命安全与健康教育进中小学课程教材指南》中,将心理健康列入五大领域之一,并提出该领域主要包括:社交与社会适应;情绪与行为调控;心理问题与援助支持。

1. 社交与社会适应

社交和社会适应能力是学生社会化发展的主要能力之一,对于成长中的学生而言,不同阶段有不同的目标。小学低年级重点培养学生与同学、老师在交往过程中,学会懂文明、有礼貌、会谦让,能够妥善处理与他人相处时的矛盾;小学中年级重点培养学生学会积极主动的与同学和老师交往,通过开展丰富多彩的活动提升学生的交往技能,培育团队合作意识和主人翁意识,培养开朗乐观、合群自立的健康人格;小学高年级,学生步入青春初期,因此重点是开展初步的青春期教育,引导学生通过合理的方式与异性交往,建立青春期友谊。进入初中,随着学生自我意识的发展,亲子矛盾频发,这一阶段的重点是引导学生如何与父母进行沟通,同时在与异性交往时要把握分寸。到了高中,重点是引导学生对自己的人际关系状况进行理性认知,掌握人际沟通技巧,提高人际沟通能力,学会正确与异性交往的方法,明白友谊和爱情的界限。

2. 情绪与行为调控

情绪是个体对所接触的事物和人的态度以及相应的行为反应。人的情绪每时每刻都存在，不同的情绪会产生与之相应的行为。因此，认识情绪，用合适的方法管理情绪，是学生非常重要的能力。不同年龄段的学生，对其情绪和行为调控的培养内容也不同。小学低年级重点培养学生的归属感和安全感，学会通过简单的方法初步控制自己的情绪；小学中年级阶段要引导学生勇于面对困难，学会体验情绪和表达情绪；小学高年级则要帮助学生积极克服学习上的困难，对学习保持兴趣，避免产生厌学、逃学等负面情绪，并学会用合适的方式体验和表达情绪。到了初中阶段，重点是鼓励学生进行积极的情绪体验与表达，并对自己的情绪进行有效管理，正确处理厌学心理，抑制冲动行为；高中阶段重点帮助学生进一步提高心理韧性，在面对失败和挫折的时候能够越挫越勇，形成良好的意志品质。

3. 心理问题与援助支持

心理问题一般是由困难情境导致的心理困扰，它往往是由特定的事情所引发的，暂时的心理失衡状态。青少年的自我控制能力比较弱，易于冲动，很容易出现心理问题。青少年的心理问题一般可分为三大类：一是成长性问题。即青少年在个人成长发展过程中遇到的困扰，成长性问题一般是可预见性的。美国心理学家埃里克森的人格发展理论指出，人生的每一个阶段都有可能出现发展性的危机，小学阶段是勤奋感对自卑，其发展任务是发展勤奋感，克服自卑感；中学阶段是自我认同对角色混乱，其发展任务是建立自我同一性，克服角色混乱。二是情境性问题。通常是由突发的事情引起，比如重大自然灾害事件，丧亲、校园伤害、车祸等危机情境带来的心理问题。三是生存性问题。指在成长过程中，伴随着人生价值、人生目的等重要的人生问题和困惑而出现的内心冲突和焦虑。

第二节　社交与社会适应

从某种意义上说,教育本身就是一种特殊的交往活动。学生在与同伴、家长、老师的交往过程中习得与人沟通、交流、相处的技巧,不断地适应瞬息万变的社会,在交往互动中促进彼此的健康成长。

一、告别不当交往行为

人际交往是人生存和发展的一项重要技能,一个没有交往能力的人,很难适应群体生活。现实生活中,不少孩子渴望与同学交往,但由于缺乏交往技能,在与同学的相处过程中往往会出现一些问题。

【情境案例】

晓轩是二年级的学生,不仅学习成绩不好,也没有什么特长,无论是文艺表演,还是体育活动,都见不到他的身影,他像一颗长在角落里的小草。可是,他喜欢在上课时发出一些怪声,还会搞些恶作剧捉弄同学。下课的时候,同学们三五成群的在外面跳绳、踢毽子、丢沙包,晓轩也很希望加入同学的队伍中去,于是他直接去抢同学的毽子或者沙包,有时候还拿跳绳乱甩。

"张老师,晓轩莫名其妙地抢了我的毽子。"

"张老师,我们在玩沙包的时候,晓轩过来抢,并且把沙包直接扔到灌木丛里了。"

"张老师,晓轩拿着跳绳乱甩,打到了月月,她脸上出现了一道红印子,这会儿坐在长椅上哭呢!"

几乎每节课都有学生跑过来"告状",张老师也是被晓轩搞得心力交瘁。

晓轩也很容易跟同学发生矛盾,走路队的时候,旁边同学碰到他,他会认为同学是针对他,故意为之,于是动手就打;他的橡皮掉在地上,被同学踩到了,他也认为是对方故意踩的;同桌的胳膊稍微挤到他一点,他就用脚使劲踢对方。

有一天,张老师把晓轩叫到办公室,并且批评了他。晓轩一脸委屈,边哭边抹眼泪地说:"我感觉特别寂寞,很想跟同学们一起做游戏,但我觉得他们都嫌弃我,不愿意和我玩。所以我就捉弄同学,其实也是为了让大家关注我。"

【案例分析】

中小学生随着年龄的增长,越来越看重友谊,越来越需要心与心的交流,但是不少学生在人际交往过程中显得力不从心,屡屡受挫。

1. 个体性格有缺陷

相关研究表明,性格内向的学生其人际交往和社会适应能力相对来说会弱一点,如果再加上成绩不好,没有什么特长,那么这一类学生会觉得自己做什么都不行,从而感到自卑。学生不恰当的自我认知会直接导致自我评价过低,产生消极的自我暗示,从而导致内心孤独,非常渴望与同伴交往。当他们作为施动者,以不恰当的交往方式,如抢东西、打人、恶作剧等,主动发起同伴交往行为或者参与同伴的游戏中时,会遭到同伴的拒绝和排斥,这种交往受挫又会给他们带来更多的孤独感。

2. 家庭教养方式不当

社会适应是指个体在发展过程中，达到与其年龄和所处文化群体相适应的发展标准以及协调自身与他人关系的能力[①]。从案例中晓轩的行为表现来看，他的社会适应能力明显没有发展到同龄孩子的水平。这与他接受的不良家庭教养方式和成长环境必然存在很大的关联。教师在与其父母的沟通中发现，晓轩是家中的独子，爸爸、妈妈上班比较忙，平时生活起居主要由爷爷、奶奶照顾，爷爷、奶奶对孙子很是溺爱，孙子要什么就给什么。晓轩在小区里跟其他孩子在一起玩的时候，爷爷、奶奶也是紧紧盯着，就怕孙子受一点伤害或者被其他孩子欺负，这无形中减少了晓轩和同伴交往的机会，也削弱了他的交往能力。再加上爸爸、妈妈很少陪伴晓轩，跟他很少交流，并且妈妈脾气暴躁、缺乏耐心，只要晓轩犯错，就会大声骂，还拿拖鞋、衣架子等打他，久而久之，晓轩形成了内向的性格和攻击性的行为。不当的家庭教养方式，可能会使得孩子的交往行为不被他人所接纳，往往导致交往的失败。

3. 班级环境接纳度低

班级环境作为学生的重要社会支持系统之一，对学生的人际交往和社会适应产生直接的影响，发挥重要的作用。良好的班级环境不仅可以提高学生人际交往的技能，也有利于学生形成积极健康的心理状态。有的班级，虽有着较好的纪律性，但班级环境接纳度低，学生之间缺乏人际交往中所需的鼓励和信任。这样的班级环境对于像晓轩一样人际交往和社会适应能力较

---

① 王建平；李董平；张卫.家庭经济困难与青少年社会适应的关系：应对效能的补偿、中介和调节效应[J].北京师范大学学报（社会科学版），2010（4）：22-32.

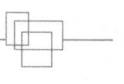

差的学生来说是非常不利的,他们很难融入班级环境中去,在班级活动中感受不到快乐,在同伴交往中也得不到相应地温暖。

【对策建议】

  学生随着年龄的增长,自我意识的增强,对人际交往有了更多的期待,如果在具体的交往中存在因长期烦恼而产生的心理问题,就需要班主任进行引导,提高学生的人际交往水平,改善他们的人际关系。

  1. 训练学生合理表达,提升人际交往技能

  学校中一些被忽视却渴望与人交往的学生,因内心需求得不到满足,有时很容易产生过激行为。学龄阶段是培养交往和社会适应能力的关键期,学生的交往中存在多种摩擦。例如,课间,被同学不小心踩到鞋子,挥手就打;同桌的手臂过了"三八线",就用力撞开;排队打饭的时候被同学挤到了,瞬间就吵……究其原因是由于交往技能欠缺导致。恰当的语言表达是提升交往技能的关键之一。班主任可以教给学生由陈述事实、表达情绪、提出期待三部分组成的快乐交往"三部曲",引导学生进行合理表达,达到提升交往能力的目的。比如,针对被踩到鞋子的情况,我们可以试着这样说:其一,你刚才在课间不小心踩到我的鞋子了,踩得挺重的,你看,鞋子上面有很清晰的脚印。其二,这是我爸爸送给我的生日礼物,今天第一次穿,因此我感到很难过。而且,你刚才重重地一脚,我现在都感觉很疼。其三,我希望你能给我道歉,并且以后不要再踩我的鞋子了。

  2. 引导换位思考,提高自我觉察能力

  学生由于认知能力有限,在遇到人际交往问题时,习惯于寻找外因,也就是喜欢寻找对方的错误。因此,教师引导学生要学

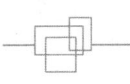

会换位思考,提高人际交往的自我觉察能力是关键。其实,导致一个人产生消极情绪的原因不是事件本身,而是对事件所持有的观点。因此,我们可以设置不同情境,引导学生设法去改变原有观点,尝试站在对方的立场思考问题,从而提高交往和社会适应能力。教师还可以鼓励学生对不合理的观念从多个方面进行辩驳,引导学生用合理客观的想法替代不合理的观念,从而建立正确的认知模式。通过多次训练,教师帮助学生形成积极的思维模式,这样同伴之间的交往就能较为顺利地进行下去。

3. 开展集体教育,建设包容性强的班集体

对于社会适应和交往能力存在问题的学生,班主任有责任通过集体的力量去帮助他们。有些学生之所以捉弄同伴,存在失当的交往行为,是因为他们向往集体生活,希望融入其中。因此,班主任可以在班级组成"朋辈关爱"小组,鼓励积极上进、具有乐群性的学生主动帮助交往能力弱的学生,课间主动约他们玩耍,手把手传授交往方法。班主任也可以通过组织丰富有趣的班级活动、主题班会、研学活动、团体辅导等集体活动,提供更多的交往机会,营造温馨、接纳的班集体氛围,让不擅长与人沟通的学生参与其中,感受来自同伴和班集体的温暖。此外,班主任还可以与学生的"成长导师"密切合作,对班级中存在交往和社会适应困难的学生制订个性化的辅导方案,努力发掘其身上的闪光点,引导他们学会悦纳自我,增强人际交往吸引力。

4. 畅通家校沟通,形成良好的交往合育场

学生在与同学的交往中呈现怎样的沟通模式,必然与家庭环境和教养方式密切相关。当学生存在交往和社会适应困难的时候,班主任要从整个家庭系统中去分析原因,寻找可利用的资源,构建良好的家、校合育场所。例如,有时是因为学生的父母与人交往的能力也比较差,所以我们要看到孩子存在的问题背

后的整个家庭的问题。教师在进行家庭指导的过程中,要通过改变家庭成员之间的互动方式来提高孩子的交往和社会适应能力。班主任可以指导家长定期召开家庭会议,说说彼此需要感激的人,聊聊最近的困惑与担忧,分享自己的喜悦和成功等,引导学生在家庭成员的畅谈中反思自己,从而提高其与人沟通的能力。另外,班主任可以指导家长采用模拟家庭的方式,进行互换角色的体验,以此表达各自内心的真实感受。比如,再现生活中曾经发生过的生活片段,让女儿扮演她眼中的妈妈,爸爸扮演他所看到的儿子,儿子扮演他所认识的爸爸等。在这个过程中,家庭成员彼此用心体会、反思、感悟,从而改变各自的沟通方式。

【拓展延伸】

《中小学心理健康教育指导纲要》

心理健康教育的重点包括:认识自我、学会学习、人际交往、情绪调适、升学择业以及生活和社会适应等方面的内容,并对中小学各阶段的学生提出不同的目标、任务要求。建议班主任对这一文件要常看、常学、常用。

二、轻松适应新环境

人的适应性发展是通过与他人的社会交往实现的,它是人的一种本质性的生存形式。同伴关系作为社会交往的一部分,对学生的学习、生活产生重要的影响,处于青春期的中学生渴望与人交往。但是,当很多学生进入一个新的环境时,很容易产生心理不适应的现象,作为班主任需要通过多种方式给他们关爱。

第三章　心理健康

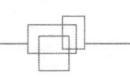

【情境案例】

　　从小学习名列前茅的好孩子佳明,善良又孝顺,小学时的同学和老师对他都十分友好。这种温馨、熟悉的环境,使他也在别人父母口中的"看人家佳明"的赞誉中,度过了快乐的童年。

　　自从因家长工作的缘由搬家后,佳明被划分到了一所新的中学。他发现自己很难融入新的集体,感觉非常孤单,不知道该如何与人交往,也不知道如何适应全新的学习和生活环境。学校中的一切都让他感到迷茫和不安。

　　在课堂上,佳明总是默默地坐在角落里不敢发言,也不敢和同学交流。他担心自己的意见被别人忽视,自己的问题被别人嘲笑。他的内心充满了孤独和焦虑,开始怀疑自己是否能够在这个新的环境中生活下去。直到一次月考,一向让他引以为傲的英语和语文居然差点不及格,他想和妈妈说,可是又怕她担心。于是佳明暗暗下决心,下次一定要考好,但只要一回到学校,他就觉得心慌,上课也常常走神,学不进去。

　　佳明的爸妈察觉到了他的变化,他们发现佳明变得沉默寡言,不再像以前那样活泼开朗。佳明的班主任梁老师看了佳明的成绩单,询问他是否适应新学校的生活时,他只是简单地说,挺好的。

【案例分析】

　　1. 寻求认同感和归属感

　　初中生处于身心发展的关键阶段,他们渴望在同龄人中找到自己的位置,希望得到认同和尊重,这种认同感主要来自对彼此个性和行为的接纳。如果学生的性格较为内向,那么这可能会是他融入一个群体的主要障碍。此外,内向的学生在课堂上一般不主动发言,常常把自己藏在角落里,也不主动与其他同学进行交流,这让他们很容易处于被孤立的境地。孤独感和迷茫感是许多学生在交往适应过程中都会有的情感体验。

2. 自我意识的增强

随着年龄的增长,初中生的自我意识增强,他们更加关注自己的形象和言谈举止,担心因自身的某个行为而影响他人对自己的评价。他们有时不愿意将自己的事情拿出来与同学们分享,害怕会遭到同学们的拒绝,以及担心同学们评价他们的行为。他们的心里时不时的难免会产生自卑感。

3. 情绪波动起伏较大

虽然青少年的身体发展迅速,但心理发展不健全,情感丰富却不稳定,这会影响他们的交往行为,尤其像佳明这样一向优秀的孩子,一般会存在严重的完美主义倾向。当他们在社交或考试中表现得"不完美"时,会放大自己的缺陷,并产生"下一次我要表现得更好"的想法,焦虑情绪便随之而来。此外,中学生十分注重个人的友谊和形象,甚至有专家直言,"社交,就是青春期孩子的半条命"。有些学生受环境影响,独立性及自我意识增强的同时,对父母和老师的依赖性减弱,对外界环境的变化敏感,但他们不会主动向长辈求助,生理及心理上的困惑难以得到疏导,最终导致一些不良行为的产生。

【对策建议】

1. 创造良好的班级氛围,助推交往与融入

班主任应强调团结互助和相互尊重的班级文化,让学生感受到集体的温暖和支持,要以班会为契机,组织班级活动,增进同学间的互相了解。此外,也可通过多开展运动会、户外拓展活动,增加同学间合作的机会,培养学生的互助精神。同时,我们也可以鼓励学生积极参加班级的大小事务,如担任班委,参与小组活动、大扫除等,培养学生的归属感和责任感,更好地营造互

帮互助、团结友爱的班级氛围。

2. 采用恰当的心理技术,提升交往适应能力

班主任要与学生进行沟通,了解他们在社交过程中的畏惧和渴望,从而了解他们的心理接受程度;班主任要与学生共同设定适当的社交目标,从低风险向高风险过渡,制定循序渐进的计划;班主任要与学生保持密切的沟通,及时调整计划,确保学生能够逐渐适应社交情境。当学生能够逐渐适应社交情境时,班主任要鼓励学生积极的社交行为,进一步提高他们的社交能力,增强他们的自信心。班主任可以逐步打开学生的心扉,走进他们的内心,引领他们体验交往的乐趣、提升交往水平。

3. 开展丰富活动,训练交往技能与行为

教师培养学生的社交能力方法多样,组织集体活动是其中重要的方法之一,这能够为学生提供多元化的社交机会。因此,班主任可经常组织班级活动,或设计小组任务式作业,为学生提供交往机会。此外,班主任可利用班会课等契机开展角色扮演活动,通过模拟真实场景,让学生在角色扮演中锻炼自己的交往能力。真实的活动体验可以让学生学会如何与他人建立联系,如何处理问题和冲突,如何调整心态与行为,如何表达心情与想法。班主任可适时教授学生一些社交礼仪,比如,如何与人打招呼,如何礼貌地表达意见等,让学生在实践中运用,在运用中练习,在练习中巩固,形成稳定的交往行为方式。

4. 加强家校合作,支持学生主动融入新环境

家访不仅有助于增强班主任与家长之间的亲密关系,还能更准确地把握学生的性格特点,为学生提供更有针对性的帮助。一个新的班级组建前,班主任可以提前进行家访,了解学生的家庭环境和生活状况,了解学生的性格习惯,了解家庭教育的理念,与家长面对面交流学生进入新班级、新环境前的要求与准备

工作等。同时，班主任也可以向家长提供家庭教育方面的指导，帮助家长更好地理解和支持孩子的学习与发展。通过家校合作，为学生全面做好融入新环境的准备。

5. 持续跟进与评估，纠正并指导交往行为

班主任在学生交往适应能力的提升上应做好定期的评估，观察学生的社交行为、学习习惯、生活习惯并作好记录，形成档案。通过调查问卷的方式对学生情况进行收集、分析和评估，对于学生的交往表现，班主任要与学生的家长进行定期的交流。根据观察和记录的结果，及时给予学生反馈和指导，对于表现出色的学生，给予肯定和鼓励；对于存在困难的学生，帮助其反思不足，并提出具体的改进办法。此外，针对具有特殊情况的学生，如残障学生、留守学生等，班主任可以给予更多的关心和支持，帮助他们建立自信并提升交往的能力。

【拓展延伸】

交往小贴士

1. 自我认知与接纳

（1）了解自己的性格特点、优势和不足。

（2）接纳自己的不完美。

（3）设定自我改进目标。

2. 主动学习与提升

（1）阅读书籍。

（2）参加社交技能培训课程。

（3）学习与人友好交往。

3. 积极参与实践活动

（1）主动参与学校的活动。

(2) 承担一定责任,锻炼自己的组织协调能力。

(3) 拓宽自己的视野和社交圈子。

4. 保持开放心态与耐心

(1) 学会倾听他人。

(2) 保持耐心和包容心。

(3) 保持积极的心态。

5. 寻求支持与反馈

(1) 保持良好的沟通,学会分享自己。

(2) 主动寻求他人的反馈。

(3) 调整自己的行为和态度。

6. 培养自信心

(1) 不要自我怀疑。

(2) 相信自己能够表现出色。

(3) 保持积极的心态。

三、面对酸甜青春恋

中学生正值青春期,性意识蒙胧,他们对异性同学充满好奇。同时,他们的认知水平无法达到成年人的高度,难以厘清内心的情感需求,感情带有盲目性,也缺乏持久性,没有足够担当的能力。他们既具有强烈的独立意识,又缺乏必要的知识和经验;既敏感多变,又难以正确处理情感的"纠缠"。学生青春期的"早恋"问题,严重时会影响学业和身心健康,给彼此带来一些心理伤害,甚至会影响到将来的家庭生活。

【情境案例】

小刚和小红是同班同学。小刚个子高,阳光、健康,喜欢体

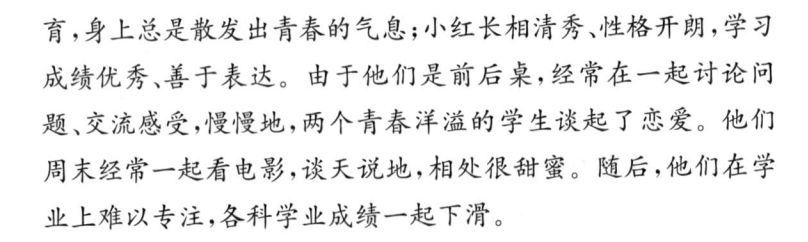

育,身上总是散发出青春的气息;小红长相清秀、性格开朗,学习成绩优秀、善于表达。由于他们是前后桌,经常在一起讨论问题、交流感受,慢慢地,两个青春洋溢的学生谈起了恋爱。他们周末经常一起看电影,谈天说地,相处很甜蜜。随后,他们在学业上难以专注,各科学业成绩一起下滑。

【案例分析】

1. 年龄变化产生"异性相吸式"恋情

随着年龄的增长,中学生迎来了充满活力、躁动、好奇、神秘的情窦初开期,异性间产生了情感上的吸引。青春恋的发生,实际上是青少年生理与心理发育成熟的标志,是对异性有了较为感性的认知的结果,只是有些学生在友谊与朦胧的初恋之间无法划分出一条明确的界限。

2. 学业压力促使"增值感式"恋情

有些学生为了寻求刺激、和自我价值感而开始早恋,这在精神空虚、自我评价低的"处境困难生"中较为常见。他们在学业、情感表达、人际沟通、行为习惯等各方面常常遭到师长的批评和贬低。与同龄人相比,他们也自甘落后,为求得心理上的平衡,往往以恋爱作为一种寄托,来证明自己有人欣赏,有人喜欢,试图找到自己的存在感、掌控感和价值感。一些成绩优秀的学生进入高中后,在激烈的学习竞争和超强的压力中败下阵来,强烈的失落感和挫败感也使得他们往往容易采取早恋的形式来寻求一份温馨而甜蜜的感情,以求达到一种精神上的解脱,释放内心的压力和证明自我价值。

3. 好奇和从众催生"猎奇式"恋情

有些学生出于从众攀比心理,看到别人恋爱,心里产生不平衡,为了证明自己不比别人差,为获得关注与认同而主动追求恋

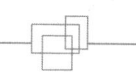

情。还有一些学生对青春恋情充满好奇和向往,一旦对某一异性有些许好感,便很容易认为是喜欢或爱上对方,并迅速主动表白与追求,去体验"类爱情"带给自己的感受,可一旦认清"现实",又会突然提出分手,甚至是想赶紧摆脱这种"恋情"。

4. 家庭关系不良衍生"补偿式"恋情

有些学生由于家庭不和睦、亲子关系紧张、家庭不完整等原因,为寻求精神安慰和情感补偿而产生恋爱行为。也有学生受电影、电视或网络媒体的剧情影响而寻求情感慰藉。

【对策建议】

班主任作为学生成长的重要引路人,他们智慧的引导对促进学生的心理健康发展,帮助他们获得与异性交往的方法、技能,应对异性交往中的烦恼和困惑,促进其社会化情感发育具有重要作用。

1. 融洽关系,以情动心

《学记》中说,"尊其师,奉其教"。班主任只有在情感上与学生建立信任、融洽的关系,以平等的朋友身份去和他们交流,他们才会愿意表达自己的心声,听从老师的指导。面对孩子的青春恋,教师不是扮演高高在上的管理者、裁判员的角色,而是以经历过类似的问题,体验过相似困难的长者、朋友的身份,帮助学生解除情感上的困扰。班主任可以说一说自己的青春期故事,回忆自己在这个年龄阶段见到异性时产生的心理活动,采取过的幼稚行动。教师的这种回忆越真实、越细致,与学生的情感共鸣就会越强烈,做起疏导工作就会越有说服力。教师通过分享自己的青春故事:一是给学生们提供正面或反面的示范;二是表达自己的同情与理解;三是获得学生的信任;四是用自己的经历去触动和启发孩子的思考。

2. 情理相容，以理铭心

中学生的认知、思维能力都有了较好的发展，因此班主任可以引导他们在情感共鸣的基础上学会理性思考和分析。教师要用平常心面对学生的"青春恋"，不要如临大敌，强加干涉。教师还要关注学生的真实感受，引导学生去探索与对方之间究竟是友情还是爱情，尝试帮助学生反思"青春恋"背后深层次的原因，引导其厘清自己的想法、行为背后的需求、期待与渴望，寻找可替代的满足需求的方式。比如，教师可以通过主题班会课开展一次"探索未来人生的时光隧道"活动，让学生去憧憬一下未来的美好生活。然后，教师要引导、帮助学生分析与探讨各种选择的可能性及后果。还可以通过举办辩论赛的方式，邀请全班同学去辩一辩青春期恋爱的利与弊等问题。此外，教师要鼓励学生以积极的心态对待人生，完善自我，而不是随波逐流、自我放任，要帮助学生明晰什么是真正完美的爱情。

3. 把握好度，以度拓新

首先，班主任要带着对学生的关爱，与学生进行有温度的沟通，让学生真切感受到老师的尊重与理解，感受到老师既能看到自己的需求，也能尊重自己的选择，真正为自己着想，愿意帮助自己。这种有温度的师生交往，会让学生如沐春风，并愿意接受教师的建议而做出改变。教师与学生沟通时可尝试用如下的沟通方式：我看到、听到（描述客观事实）——我理解（站在孩子的立场）——我觉得（一些想法或建议）——我期待（整理好思绪，憧憬未来）。

其次，班主任对学生的"管束"要保持适度。面对学生的"青春恋"，教师既不能放任不管，不加以正确引导，任其自由发展，也不能小题大做，动辄请家长，开"批斗会"。教师既要洞察、理解学生感情深处的需求，又要引导他们保持对美好爱情的憧憬。

所以，老师要给学生留有一些时间和空间，让他们去消化、去分辨、去探索、去解析问题所在，最终自己做出理性的抉择。

4. 遵循原则，以原则立"界"心

首先，中学生自尊心强，很在意自己在他人，尤其是同龄人心目中的形象。因此，尊重每一位学生是做好引导工作的前提条件。班主任要以平等的身份给予他们必要的尊重，尊重学生的人格、情感和隐私，不轻易请家长，给学生"留面子"，不要当众为难、奚落、批评学生，否则会使学生产生严重的逆反心理。

其次，班主任需要创建和谐、积极向上的班级氛围。第一，可以有目的地开展活动，如组织学生参加体育活动、各种竞赛、读书交流会、兴趣小组、社会实践活动、团体拓展游戏等集体活动，扩大他们交往的范围，释放他们过剩的精力；第二，引导学生憧憬美好未来，树立远大目标，并进行合理规划，然后用带有目标的实践活动来转移其对异性的注意力；第三，积极组织开展异性交往主题的研讨班会，直面"青春恋"主题，通过辩论厘清认识，通过交流提高认知，通过体验、角色扮演、情景研讨等活动方式，引导学生正确看待青春期恋情，掌握与异性正确交往的方式，解决异性相处时的问题与烦恼。

最后，对不同阶段的青春期恋情，班主任可以采用不同形式和内容的教育引导。在学生情感依恋的萌芽阶段，班主任可以通过积极暗示，将个体行为引向互助合作、相互学习的双方行为，让相互吸引、萌生好感的内隐性感受、隐藏性秘密、单一性互动，转向互助、合作、互补的开放型、广泛性、外显性行为。在青春期恋情发展到稳定的定向交往阶段时，班主任在确保学生行为不失范、不越线的前提下，给予他们充分的理解，引导他们理性对待感情，把握好交往分寸，把对彼此的倾慕转化为学习的动力。对某些因为"青春恋"而严重影响学习和生活的学生，班主

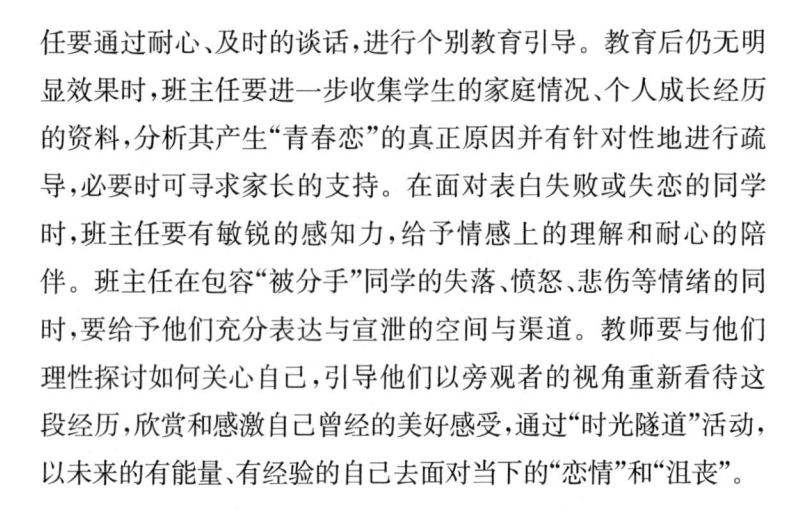

任要通过耐心、及时的谈话,进行个别教育引导。教育后仍无明显效果时,班主任要进一步收集学生的家庭情况、个人成长经历的资料,分析其产生"青春恋"的真正原因并有针对性地进行疏导,必要时可寻求家长的支持。在面对表白失败或失恋的同学时,班主任要有敏锐的感知力,给予情感上的理解和耐心的陪伴。班主任在包容"被分手"同学的失落、愤怒、悲伤等情绪的同时,要给予他们充分表达与宣泄的空间与渠道。教师要与他们理性探讨如何关心自己,引导他们以旁观者的视角重新看待这段经历,欣赏和感激自己曾经的美好感受,通过"时光隧道"活动,以未来的有能量、有经验的自己去面对当下的"恋情"和"沮丧"。

【拓展延伸】

阅读《陪孩子走过酸酸甜甜的青春期》

内容简介:本书从家长和青春期孩子的日常生活入手,借用了酸、苦、辣、鲜、甜、咸、焦、麻、涩九种滋味,深入解读孩子进入青春期后,在心态、学习、社交、兴趣、自我等各方面的变化以及由此带来的成长烦恼。作者以"正面管教"为核心理念,用和善而坚定的态度,帮助家长摆脱简单粗暴或放任自流的教育方式,引导孩子正视青春期遇到的各种困惑与问题,为读者提供了一系列的教育方法和策略。

推荐理由:本书内容贴近生活,让家长能够更好地理解和应用到实际的家庭教育中;总结了青春期孩子经常遇到的人际交往、压力、自我认知、厌学等常见问题,帮助孩子正视青春期的困惑与问题,培养自尊、自信和归属感,并提供了大量真实的案例分析和一对一的沟通对话示范,介绍了青春期孩子家长需要掌握的教育方法和谈话技巧,帮助家长在与孩子的互动中觉知自

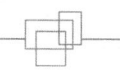

我,摆脱教养焦虑,修复亲子关系,实现自我成长。

第三节　情绪与行为调控

情绪和行为有着密不可分的关系,情绪的外在表现就是行为,而行为的产生伴随着内心丰富的情绪体验。当学生长期陷入负面情绪的泥潭,就会产生持续的消极行为,从而引发心理疾病,损害身体健康。因此,教师要引导学生理解自己的感受,接纳自己的情绪,对情绪和行为进行管理和调控。

一、提高心理柔韧性

学生的抗挫折能力普遍不强,一旦受挫,容易引发焦虑、抑郁等不良情绪,严重的还会影响身心发展。学生的挫折感作为针对自我的深层心理威胁,是个体负面心理情绪的重要来源[1],提高心理柔韧性能有效地帮助学生从困境中走出来,并获得积极的成长。

【情境案例】

小成从一年级开始一直是班长,在班级她是一颗闪亮的星星,学习出类拔萃,各方面也都表现优秀。作为班长的她,班级管理工作做得非常出色,是老师的得力助手,是大家心目中的完美学生。

---

[1] 王玉龙."挫折"释义:深层心理学的视角[J].武陵学刊,2013(5):132-135

六年级的时候,她竞选学校大队长一职。在初赛环节凭借着高超的演讲技艺和才艺表演,一路"过关斩将"而进入决赛。当她回到班级时,同学们纷纷围住了她。

"小成,你真厉害,你真是我们学习的榜样!"

"听说初赛就要淘汰三分之二的选手,小成,你能胜出,说明你的实力很强。"

"小成,你这么优秀,大队长一职非你莫属了。"

同学们你一句、我一句地说着,夸得小成心里喜滋滋的。她也希望通过当选大队长在同学们心中树立更高的威信。接下来的一个星期,小成为决赛做了更加充分的准备,爸爸、妈妈也对她寄予很高的期待。决赛那天,报告厅里座无虚席,小成凭借着流畅的演讲和稳健的风格获得了阵阵掌声。第二天,竞选结果公布,她却落选了。小成无法接受这个结果,她觉得自己的优秀形象瞬间崩塌,感觉同学们都在嘲笑她。从此她变得消极、沉默,上课不再喜欢举手发言,班级管理工作也不再积极主动,集体活动也不参加了,经常喜欢一个人待着。有一次,因为数学作业错得很多,老师批评她几句,她的眼泪吧嗒、吧嗒直掉。

【案例分析】

中小学生的身心处于快速的发展期。随着年龄的增长,他们的自我意识也在慢慢觉醒。由于自身认知、能力和经验的不足,当愿望得不到满足时就很容易产生挫败感。这既有个体因素、家庭因素,也有班级因素、学校因素。

1. 自我接纳水平较低

案例中像小成这样的学生,他们学习出类拔萃,长期被老师和同学"宠爱",在"优秀光环"的笼罩下,虽然自信、自尊,但很少看到自己的缺点,对自己的认知不够全面。当遇到挫折时,他们

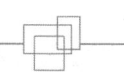

没办法面对和接纳不完美的自己,于是变得敏感而自卑,转而会对自己形成消极的评价,自我价值获得感降低。

2. 不良情绪没有得到有效处理

将成就动机作为主要动机的学生,把成功做到某事当作赢得地位与自尊的方式。当这一类学生遭遇挫折时,他们往往会迅速进行消极归因,产生不良情绪。不良情绪一旦长期积压,很容易引起神经衰弱、焦虑、抑郁等问题,从而变得消极、敏感、脆弱。同时,他们就会封闭自己,不喜欢与人交流,很容易深深地陷入自责与抱怨的"怪圈"中难以自拔。

3. 过高的期待带来低情绪指数

被成人寄予厚望的学生在感受到关注的同时,内心可能会长期处于焦虑不安之中。他们的心理一旦受挫,面对家长的失望,同伴的消极反应,都会使得他们的不良情绪迅速叠加。事实告诉我们,适度的期待能够产生较好的激励作用,过高的期待反而会产生负面影响。我们要明白,主观期望值与态度情绪指数成反比,也就是说期望值越高,态度情绪指数会越低,反之亦然。

【对策建议】

挫折感作为一种主观感受,是个体面对困难情境而自以为无法克服时产生的沮丧、焦虑、烦闷等不良的情绪体验。这种情绪体验对学生的性格、行为,乃至价值观都会产生巨大的影响。因此,当学生遭遇挫折的时候,班主任要充分发挥引导作用,对学生进行及时的疏导和支持,使其走出困境,恢复积极乐观的心态。

1. 给予宣泄情绪的通道

学生遭到挫折会情绪低落,内心会感到孤独。如果这种不良情绪一直压抑在心里,就很容易患上心理疾病,甚至发生极端事件。班主任要引导学生通过合理地宣泄情绪来疏解心里的"挫败感"。

班主任可以选择一个温馨的环境,营造安全、接纳的心理氛围,引导学生体察自己的情绪,真实描述自己的感受。然后,班主任需要努力做一个积极的倾听者,去感受学生的内心,让学生体会到老师的关心与重视,同时引导学生更好地了解自己,获取来自心里的能量。

当学生陷入挫折感中无法自拔的时候,班主任要积极与家长取得联系,引导家长共同给予学生积极的情感支持。鼓励父母与孩子一起在温暖的亲情中缓解挫折带来的焦虑、痛苦、失落等负面情绪;鼓励父母与孩子一起做一些体育运动。体育运动对人有镇静安神和抗抑郁的作用,能够帮助学生获得积极的情绪体验,产生满足感,改善他们的精神状态。

2. 学会自我接纳

每个学生都有一种或多种优点。当学生面对挫折,自我评价降低时,我们要引导学生正确认识自己的优点和缺点,帮助学生寻找自身存在的潜能和力量,学会接纳自我。班主任可以在班级组织开展"独一无二的我"团体辅导活动,通过体验"自己眼中的我"和"他人眼中的我"两个环节,让学生在自己的能力、兴趣、特长等方面进行交流,共同探索各自身上的优势和弱势,学会接纳自己的不完美。

班主任要带着学生进行班级文化布置,让每个孩子在教室里都能看见自己的进步,从而拥有自信;班主任还可以通过开展个人才艺展示活动,发现每个学生的闪光点;班主任还要帮助学生发现自己的缺点,强化优点,使得缺点的存在显得更合理、更平常。虽然挫折给我们带来痛苦,但它同样可以让我们在解决问题中提高抗挫折的能力。教育的最终目的是促进人越来越好地发展，让每一位学生发展成为最好的自己。

3. 进行积极归因

教师要对学生所遭受的挫折进行积极归因，其目的是调动学生的积极性以促其更好地成长。不同的归因倾向会给学生带来不同的情绪反应和行为期待。如果学生对人际交往、学业挫败、家庭变故等方面遇到的挫折长期存在消极的归因，势必会自暴自弃，固化自卑情绪。

学生往往将遭到的挫折归咎于自己能力太差、事情太难等不可控因素，这样容易产生无力感，会产生逃避和不作为，甚至放纵的行为。反之，当将挫折归咎于自己努力不够、缺乏恒心等可控因素时，就会产生激励作用。因此，班主任要善于引导学生进行积极归因，将失败的原因归为自己不够用功、方法有待改善、毅力不够坚定等内部的、可控的因素，这样学生才能有改变和进步的可能。另外，还可以帮助遭受挫折的学生建立自我归因参照体系，带领他们认真回忆曾经取得的成绩，用过去作为参照标准来衡量自己是否进步，而不是同别人进行比较，以进一步强化学生的积极归因，避免习得性无助，达到重拾信心的目的。

4. 学会调整期待

古希腊哲学家埃皮克迪特斯说，"人不是被事物本身所困扰，而是被其对事物的看法所困扰。"学生所产生的不良情绪并不是由挫折的结果导致的，而是由自我的期待值过高引起。过高的期待值，会给学生造成较强的心理压力。面对挫折，学生之所以悲观消极、自我放弃，感觉自己是个失败者，很大程度上是因为心里的预期跟现实存在差距。当学生遭到挫折而陷入深深的痛苦中不能自拔时，班主任首先要给予关心，努力构建学生的挫折是某一"例外"情境，传递一种"你能行"的信念。教师要启发学生体察"例外"何以发生，从中找到解决问题的办法，并鼓励

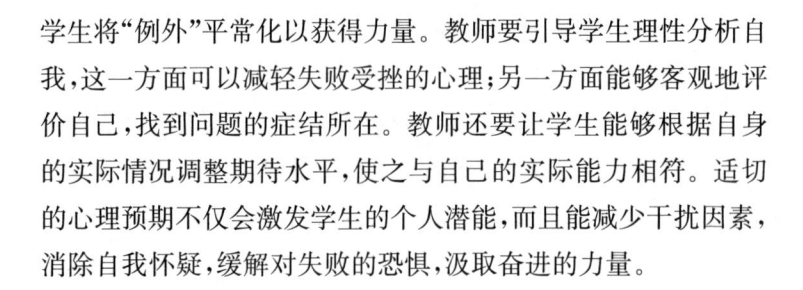

学生将"例外"平常化以获得力量。教师要引导学生理性分析自我,这一方面可以减轻失败受挫的心理;另一方面能够客观地评价自己,找到问题的症结所在。教师还要让学生能够根据自身的实际情况调整期待水平,使之与自己的实际能力相符。适切的心理预期不仅会激发学生的个人潜能,而且能减少干扰因素,消除自我怀疑,缓解对失败的恐惧,汲取奋进的力量。

【拓展延伸】

1. 阅读《别躺在挫折的脚下》

内容简介:本书选取大量有关困境的小故事,通过生动有趣的叙事方式和通俗易懂的点评,教授青少年在困境中突破重围的方法,学会以积极的心态去看待所遭受的挫折,并以合适的方式去挑战困难,最终走向成功,让生命更加丰盈。

2. 阅读《掌握应对挫折的方法》

内容简介:本书通过浅显易懂的语言,用生动形象的事例告诉我们怎样面对学习、人际交往、个性发展等方面的挫折。它让读者明白,挫折就像一方石头,对于强者是"垫脚石",对于弱者是"绊脚石",面对挫折我们要无所畏惧,越挫越勇。

二、调控情绪"晴雨表"

良好的关系会带来融洽、和谐、愉快的心理感受,使得生活在这样关系中的人情绪稳定,享有安全感。

【情境案例】

刚上初中的小李成绩还不错,他的父母都是公司领导,免不了要加班,缺少陪伴小李的时间。起初,小李会经常向父母讲述学校发生的事情。慢慢地,只有等父母问到他的时候才会敷衍几句话。爸爸发现了他的变化,主动问他:"你这几个周末回家也不说话,是不是在学校受到欺负了,还是发生了别的事情呢?"小李冷冷地回答:"跟你有什么关系,这是我的事情。"爸爸愣住了。他猜测是不是发生了什么事情,不然平日里非常听话的孩子怎么开始回嘴了。为此,小李的爸爸特意去了一趟学校。小李的爸爸通过和班主任的沟通才知道,班主任也有同感,并且提到小李在语文课上和老师顶嘴的事。

【案例分析】

　　学生出现拒绝沟通的现象,原因是多方面的。有来自自身性格和知识储备方面的原因,也有来自家庭和学校的影响。

　　1. 想独立、易逆反

　　中学生正处于身体和心理发展的关键时期,虽然他们的身体开始快速发育,自我意识逐渐增强,但是认知水平还较低。他们会认为自己得不到别人的理解,将家长和老师当作是成长道路上的对手,经常容易出现偏激的言行,以此表达自身的不满和抗议。

　　2. 无人可说,所以不说

　　家庭环境会对学生的情绪调控产生重要的影响。家庭频发冲突、教育方式不当、亲子沟通不畅等,都有可能成为学生产生逆反心理的诱因。如果学生在家里得不到理解与尊重,那么就会令他们不愿倾诉,拒绝沟通会成为他们的"铠甲"。另外,在很多情况下,父母的期望过高或过低,都可能对学生产生不同的心理压力,进而引发逆反情绪。

　　3. 你压制、我对抗

　　过于严格和压抑的教育方式及班级氛围,会增加学生的逆

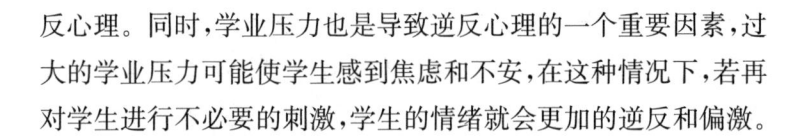

反心理。同时,学业压力也是导致逆反心理的一个重要因素,过大的学业压力可能使学生感到焦虑和不安,在这种情况下,若再对学生进行不必要的刺激,学生的情绪就会更加的逆反和偏激。

【对策建议】

1. 深入了解,因势利导

班主任若要提升学生的情绪和行为的控制能力,第一步要深入了解该阶段学生的情绪特点。中学生正处于心理发展的关键阶段,身体的发育和激素水平的波动导致情绪起伏较大,易受周围事物影响。青春期学生的自我意识逐渐增强,班主任应通过日常观察、沟通交流等方式,真正了解他们内心的真实想法,以平等对话的方式与其真诚交流,帮助他们走出心理的误区。另外,了解学生的情绪变化,找到学生产生情绪的原因,也为后续的引导和调控方法的选择提供依据。

2. 彼此信任,和谐关系

和谐的师生关系是教师走近学生,帮助其提升情绪和行为调控能力的重要保障。班主任应尊重学生、关爱学生,与学生建立信任、平等的关系。在日常工作中,班主任要多与学生沟通交流,了解他们的想法和需求,关注他们的成长与发展。当学生遇到问题时,班主任要及时给予关心和支持,帮助他们解决问题,减轻情绪压力。班主任可以联合学科教师一起处理学生的逆反心理与情绪问题,分析原因,找出共性,为学生提供知识与技术方面的支持。

3. 心理教育,专业指导

开展心理健康教育是提升学生情绪和行为调控能力的重要途径。班主任可以通过组织心理健康教育活动,开设心理课程等方式,向学生传授情绪调节、压力管理、自我认知等方面的知

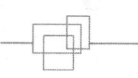

识和技能。教师要关注学生的情绪变化,引导学生学会识别和处理常见的,如学习压力、人际关系、自我认知等方面的心理问题。每个学生的心理和行为特点都是独特的,班主任应制定个性化的教育策略来提升学生的情绪和行为调控能力。在制定教育策略时,班主任应充分考虑学生的个体差异和心理特点,采取针对性的措施和方法。班主任在班级可以设立心理委员一职,及时了解心理问题突出学生的情况,建立心理健康档案,进行适时、合理地评估和干预以及专业指导。

4. 家校协同,合力育心

家校合作形成心育合力,是进行心理健康教育、提升学生情绪和行为调控能力的重要保证。班主任应与家长保持密切联系,进行常态化沟通,共同关注学生的情绪和行为问题,了解学生的家庭环境和家庭教育情况,共同制订教育计划和策略。班主任还可以向家长传授情绪调节和家庭教育方面的知识与技能,提高家长的心育水平和能力。

【拓展延伸】

人的逆反心理常出现于两个阶段:一个是儿童时期;另一个是青少年时期。青少年时期出现逆反心理的原因,一般是孩子开始从精神和心理层面想要摆脱父母,将自己的身心与父母剥离,成长为一个独立的人,这也是每一个人必须经历的阶段。

苏联心理学家拉图诺夫在《趣味心理学》一书中开篇就说,不许读第八章第五节的故事。但是结果往往出人意料,读者都迫不及待地去读了该章节。其实拉图诺夫的本意就是想让读者都去读这两个章节,他利用了人们的逆反心理,最终也达到了他的目的。这提醒我们,逆反心理有其积极的一面,只要我们用对方法,就可以产生意想不到的效果。

三、赋能情绪新动力

对于中学生而言,一方面学业压力增大,人际关系变得"复杂";另一方面他们的情感既丰富多变,又敏感脆弱,情绪管理能力弱,情绪不够稳定,易冲动,世界观、人生观、价值观等还不够成熟稳定。尤其是当他们遇到问题或困扰时,经常难以准确表达自己的感受和需求,导致"滚雪球效应",让他们备受煎熬,甚至陷入恶性循环。

【情境案例】

小明是高一的学生,面对高中较快的学习节奏和繁重的学业压力,他感觉心力交瘁。最近一段时间,他情绪低落,晚上很难入睡。睡不着的时候,他试图躲到网络的世界里逃避当前的压力,寻求些许心理安慰。因为睡眠不足,上课时难以集中注意力,经常趴在桌子上睡觉,学习效率明显下降。他难以接受当前的学习状态,心情郁闷烦躁,会因为一点小事就跟同学或家人发生冲突,也经常因难以控制情绪顶撞老师。他违反学校规定而带手机到校,而且在课堂上拿出来玩。老师发现后,请家长来学校沟通,结果在办公室里,一家三口爆发了激烈的"战争"。

【案例分析】

1. 高期待、低实效,难以适应高中生活

学生面对家长的高期待和自己的低实效的现实,感受到前所未有的压力和负担。他们越焦虑,就越无法专注;他们越担心家长和老师对自己失望,就越对自己不满意,于是陷入难以适应高中生活,自甘"颓废"的怪圈。如果这种状态得不到正确的引导,就会恶性循环,使得个人的情绪越发烦躁。此时,如果再用网络游戏来逃避现实,就会造成更为严重的后果,学业焦虑、人际恐慌、手机依赖等问题也会集中暴发。

2. 沟通不畅、管教不当,亲子冲突频发

处于青春期的学生,有很强的自主意识。在父母的高期待和严管理以及不当的管教方式下,亲子冲突很容易爆发。现实学业生活和亲子代际隔阂,也会引发学生情绪低落,导致学生产生类似抑郁的情绪。

【对策建议】

1. 读懂需求,联结渴望

作为班主任,我们首先需要知道学生的成长经历、家庭养育方式、人际关系、个性特征、兴趣爱好等。这些信息的收集,可以帮助我们看到一个鲜活的生命个体,帮助我们更好地去理解学生当下的情绪及行为反应,了解学生想通过这样的情绪和行为表达怎样的需求和渴望。班主任需要从心理层面与学生进行深层联结,尝试去解读其需要和渴望,用共情和适时的自我剖析,真正走进学生的内心深处,让他们可以卸下防御心理,袒露心声,共同探寻解决问题的方法。

2. 尊重理解,重塑动机

心理学研究表明,人的任何行为都在一定的心理因素支配下产生,任何行为背后都有内在的心理需求。每一个学生的内心都有被尊重、被爱的需求,他们渴望被关注、被理解、被接纳、被认同,当他们在生活或学习中通过努力学习、讨好同学等方式来引起关注却收效甚微时,转而会采用其他的方式,如课堂捣乱、叛逆顶嘴、自暴自弃、沉迷手机等来获得心理的满足。因此,面对学生的异常情绪,班主任需要提高自我觉察能力和感受能

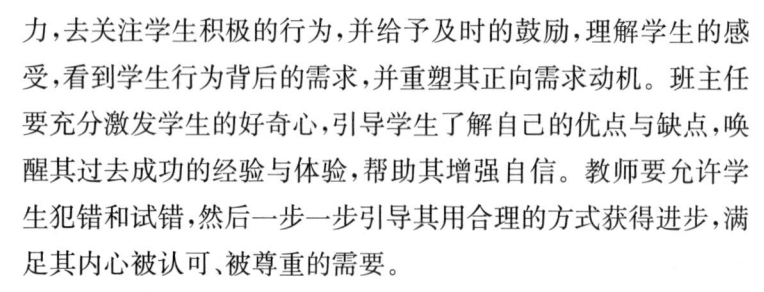

力,去关注学生积极的行为,并给予及时的鼓励,理解学生的感受,看到学生行为背后的需求,并重塑其正向需求动机。班主任要充分激发学生的好奇心,引导学生了解自己的优点与缺点,唤醒其过去成功的经验与体验,帮助其增强自信。教师要允许学生犯错和试错,然后一步一步引导其用合理的方式获得进步,满足其内心被认可、被尊重的需要。

3. 重建关系,增强互动

家庭是一个系统,假如部分家庭成员的需要被忽略和歪曲,这些家庭成员就会在情绪和行为上出现一些"症状",这些"症状"反应的不是一个人的问题,而是整个家庭系统的问题。人类天生渴望交往,渴望爱与被爱,需要通过人际互动来获得存在感、归属感。良好的师生关系、亲子关系、同学关系可以减少错误行为的发生。

首先,班主任需要与家长建立良好的协作关系,表达对家长的欣赏,看到家长的付出和所做出的各种努力。同时,帮助家长更好地了解和理解孩子的真实状态和需求,引导家长用平和的心态面对孩子的问题,且满怀希望地赞扬孩子。其次,班主任需要通过观察与反馈学生家庭在沟通中的互动,引导整个家庭成员体察自己的家庭互动模式,引导家庭成员看到彼此的需要,指导其学会如何有效表达与回应需求,从而重建良性的家庭互动模式,重塑和谐的家庭。

4. 组织活动,体验成功

班主任要建立班级"润心成长"小组,任课教师、心理委员、组长等成员可以在其间相互支持、集思广益、共创和谐人际场域。通过开展师生共同参与的团体拓展活动,如主题班会课"假如手机会说话",辩论赛"手机使用利弊之我见""成长印迹之记录""情绪觉察日记""绽放独特的我"等,帮助学生看到自己的独特性,从而接纳自我,增强自信。要让学生能在放松的状态下,有充分的时间、机会分享交流内心的想法、感受、经历。这一方面能促进同伴之间的相互了解,增强同学之间的情感联结;另一方面也能帮助他们缓解自身的焦虑情绪,在彼此的关爱和支持中获得动力。其实,能够积极参与班级活动的学生,因为自己的需要得到了满足,所以往往会产生满足感和归属感。

【拓展延伸】

学生异常情绪的行为识别线索

当学生出现如下情绪、行为时,需要引起班主任的重视,谨防发展成抑郁症或其他神经、精神疾病。

生理上:失眠、睡不着,经常做噩梦,早醒;总是睡不够,睡了很久,依然感到疲惫;食欲不振,暴饮暴食;经常感到头疼、头晕、胸闷、心慌、胃痛、呕吐;身体僵硬,难以放松,精力不足,看上去很疲倦,双目无神。

情绪上:持久的忧愁、焦虑或心境空虚,心情低落、烦躁,经常发脾气;无缘无故的伤心、难过、流泪,过度的哭泣,不安和焦躁,脾气变得古怪。

行为上:社交恐惧,不与人沟通、交往;远离家人、朋友,喜欢整天躲在自己的房间里,不想说话,说话声音变小;以前喜欢的事情,现在不喜欢或不想做,经常摔东西,难以离开电子产品;坐立不安,总是担心有不好的事情发生;长时间独处,有自我伤害的行为。

言语上:经常有不想上学和学不进去的想法,注意力难以集中;经常会胡思乱想,觉得自己累,凡事不如意,什么都不如别人,不开心,人生无意义,活着无聊,"没劲";经常表达死亡的想法,谈论死亡的话题。

认知上:觉得自己一无是处,有无助感或者绝望感;觉得自己是家人的累赘,家人讨厌自己,别人都孤立自己,排挤自己;觉得自己没有价值,不可爱,没有能力;世界不安全,他人不值得信任,未来没有希望。

学习上:难以正常到校学习,感觉不开心,不想上学,经常请假或间断式上学;对学校有明显的身体反应和情绪感受(担心、害怕、恐惧);上课难以集中注意力,课堂上经常睡觉,难以完成作业,学习成绩明显下降。

第四节 心理与援助支持

近年来,学生的心理问题逐渐引起家庭、学校和社会的关注。中小学生中有严重心理和行为问题的比率达 4.2%(小学)、2.9%(初中)、2.5%(高中)[1]。根据国家卫健委相关数据统计,我国 17 岁以下的未成年人中有 3 000 万人存在不同程度的心理问题。所以,对学生的心理问题,教师要及时觉察,有效识别,并消除在萌芽状态。

一、走出抑郁阴霾

抑郁是一种常见的消极情绪反应现象,长期抑郁会严重危害学生的身心健康。近年来,学生普遍感觉学习压力大,他们的

---

[1] 丁晓玲.中小学生心理问题的识别与处理[J].中小学心理健康教研,2022(22):65—67.

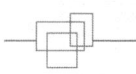

抗挫折能力差,抑郁问题日益突出,患抑郁症学生的人数呈逐年上升的趋势,这已成为心理健康教育的重要问题之一。如果班主任对抑郁症状有所了解,能够及时发现,并科学应对,就能有效避免危机事件的发生。

【情境案例】

小林是六年级的学生,在读幼儿园的时候,父母离异,从此她跟着爸爸生活,平时由爷爷、奶奶照顾。父亲忙于在外赚钱养家,陪伴小林的时间很少。小林乖巧懂事,懂得孝敬爷爷、奶奶,学习成绩也很好。

有一天,心理委员告诉我,小林对她说:"你有过自杀的念头吗?我就有过。我经常感觉自己好孤独,感觉自己得了抑郁症。"放学后,我把小林单独留了下来,让她坐在我的对面,聊了一会儿之后,我对她说:"老师听说你经常感到很孤独,曾经有过自杀的想法,听到这个消息老师很担心、很心疼。担心老师或同学给你带来什么不好的感受,我带了你这么久,就像自己的孩子一样。"听我这么一说,她"哇"的一声哭了起来。

在小林的诉说中我才知道,就在上个月,跟她最亲近的奶奶去世了,小林感觉自己失去了精神支柱,生活迷失了方向。

【案例分析】

抑郁被看作是人在长期压力下的心理反应,其主要表现是情绪低落,兴趣丧失。反观目前青少年存在的心理问题,我们需要结合学校、家庭、社会等多方面力量,帮助学生走出心理困境。

1. 支持力量有限

早年丧亲或丧失亲子关系的孩子得抑郁症的风险会更高一些。小林在幼儿园的时候父母离异,母亲没来看望过她,所以她

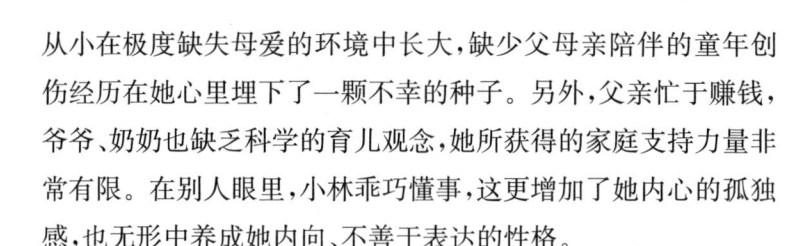

从小在极度缺失母爱的环境中长大,缺少父母亲陪伴的童年创伤经历在她心里埋下了一颗不幸的种子。另外,父亲忙于赚钱,爷爷、奶奶也缺乏科学的育儿观念,她所获得的家庭支持力量非常有限。在别人眼里,小林乖巧懂事,这更增加了她内心的孤独感,也无形中养成她内向、不善于表达的性格。

2. 自尊水平较低

相关研究表明,性格内向、自卑、敏感的人抑郁的概率会更高一些;自我评价与自尊水平较低的学生,容易自我封闭或抑郁。小林性格内向,不擅长人际交往,几乎没有朋友,遇到不开心的事情总是闷在心里,找不到倾诉的对象。她虽然从小懂事,知道体谅父亲的不容易,也知道孝敬爷爷、奶奶,学习成绩也很好,但她总感觉自己不如别人。当同学之间谈论妈妈的时候,她表现地极其敏感,总是极力躲避,她总感觉自己是班上最不幸运的人,人家都有妈妈,就她没有。所以,小林的自我评价较低。

3. 遭受重大创伤

家庭的突发变故可能会给此类性格的孩子带来灾难性的打击,摧毁其本就脆弱的心灵,导致心理严重失衡。就在一个月前,小林的重要抚养人奶奶的去世让她失去了精神上的依靠,打乱她正常的生活节奏,让她失去了生活的勇气,她不能很好地适应周围环境的变化。小林没法从孤独的阴影中走出来,因此引发情绪障碍,甚至产生了自杀的念头。

【对策建议】

虽然班主任不是专业人员,在学生心理问题识别与援助方面缺乏专业的理论和实践操作技能,但是当学生出现心理问题的时候仍可以有所作为,尽可能地帮助学生走出困境。

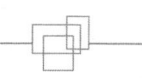

1. 积极共情,进行无条件接纳

学生在成长过程中,往往会因为学业压力、人际交往困惑、家庭矛盾等方面的原因出现心理问题。教师首先要学会共情,共情是联结师生情感的润滑剂。在案例中,当教师讲出了自己的担心的时候,小林长期积压在内心的情绪如决堤的洪水一样奔涌而出。很多学生像小林一样,在诉说自己的内心需求的时候会不自觉地流泪,这时候班主任只需要默默地陪伴在其身旁,做一位合格的倾听者。学生的泪水是一种神奇的"良药",能够把懊悔、悲伤、抑郁等不良情绪化解。如果班主任能以同理心去积极共情、表达理解、传递接纳,就会让学生获得一种心理上的安全感。只有学生的不良情绪被无条件地理解与接纳,真诚有效的沟通才有可能发生。

2. 分析评估,从科学视角看问题

在现实生活中,很多学生因为出现一段时期的情绪低落现象就认为自己得了抑郁症。这一方面可以看出学生对自身的心理状况的关注和重视;另一方面也反映出学生缺乏基本的心理学知识。比如,案例中的小林说,感觉自己得了抑郁症,教师要对其所说的这句话进行分析,跟小林确认她所说的抑郁症是自己的感觉,还是医院的诊断结果。如果是医院的诊断,那就要配合医生的治疗,让病情得到及早控制;如果只是自己的感觉,教师就要提醒学生不要给自己贴上"抑郁症的标签"。心理学者的调查研究表明,有一半以上的人处于心理亚健康状态,只有1/4的人处于心理健康的状态。[①] 对于身心迅速发展的学生来说,他们的心理通常比较脆弱,每天又要面对大大小小的事情,出现短暂的抑郁状态是正常的,大可不必太担忧,可以通过自身的调

---

① 郭庭.撕掉"心里不正常"的标签[J].科学大众,2021(12):44-46

节让症状得到缓解和改善。

3. 探究原因,找到问题的根源

教师在学生出现心理问题的时候,要仔细分析原因,找到问题的根源。假如有同学说,有过自杀的念头,经常感觉好孤独,感觉得了抑郁症。作为班主任要探究学生孤独背后的原因是什么?他们内心的感受是什么?目前所持的观点是什么?内心有怎样的期待和渴望?当我们运用科学的知识对学生的状况进行分析后,就能清楚地知道学生行为背后的真实期待和渴望,就能理解造成其孤独的原因。最后,我们要在此基础上以学生的成长为中心,给予其有针对性的关爱和帮助。

4. 多方支持,寻找心理的平衡点

中小学生是不断成长中的人,其心智没有成熟,很容易因为学业上的挫败、人际交往中的困惑、家庭变故等原因产生孤独感。如果不及时进行干预,孤独感就会很容易变成心理疾病,危害身心健康;如果一个学生经常感觉很孤独、有自杀的念头,就会很难通过自己的力量走出来。因此,班主任要从家庭、学校、同伴身上挖掘丰富的资源,给予多方支持,帮助其寻找心理的平衡点。班主任要主动跟家长联系,建议家长多关注孩子的心理需求和情绪变化,多做一些亲子类的活动,多陪伴孩子,让孩子充分感受到家庭的温暖。教师要注重学生交往能力的培养;通过开展各种活动让内心感觉孤独的学生融入班集体,营造和谐、温馨、接纳的交往氛围。另外,教师要联系心理教师,针对其在成长过程中产生的心理困惑进行专业的心理疏导,同时可以采取积极的情感表达训练、认知行为干预、心理咨询等心理支持手段,帮助学生摆脱心理困扰。当学生感受到足够的心理支持时,内心的力量就会被唤醒,逐渐成为解决问题的"小能手",从而能够找到心理的平衡点,回归健康生活。

【拓展延伸】

抑郁症的主要表现

1. 情感症状

患者表现为显著而持久的情绪低落,抑郁悲观状态;患者会出现自我评价低,产生无助感、无望感和无价值感,常伴随自责。看上去悲伤(流泪)的患者可能一开始不承认悲伤,并且经常感到焦虑、低迷或没有感觉。他们对以前感到愉悦的活动、事情失去兴趣,不能从中感受到快乐,患者也可能不再与朋友来往,表现为行动迟缓,精力减退,缺乏兴趣和活力,整天无精打采,身心疲惫,对周围的事情也不感兴趣。

2. 躯体症状

患者感觉非常疲劳,需要在白天休息,出现肢体沉重,没有办法安静下来去工作和学习。急性抑郁发作期间,出现的疲劳症状表现为言语/行动/思维迟缓、兴趣丧失、肌肉无力、倦怠、主动性缺乏。60%—80%的抑郁症患者存在失眠的问题,表现为入睡困难,睡眠质量差,醒后不能恢复精力,该状况可持续至少4周。一些抑郁症患者也会出现睡眠过多的情况,表现为白天嗜睡,日间休息后体力仍不能恢复。

3. 认知症状

抑郁症患者表现为思考力、注意力、决定能力受损,患者还有可能出现容易分心或者记忆困难的问题,内心感到能力不足、自卑、无价值感和不适当的内疚,会反复出现死亡或自杀的想法,并且可能试图自杀。有时自杀意念可能是被动的,其想法是自己不值得活下去,或者如果自己死了,他人会过得更好。

二、筑牢援助基石

心理学相关研究表明,情绪对人的影响深远,拥有良好的情绪管理能力对学生的身心发展产生积极的作用。当学生陷入负面情绪的泥潭中时,极易自暴自弃,甚至产生厌学情绪,班主任应帮助学生走出困境,以积极的心态面对学习生活中的一切困难。

【情境案例】

小学毕业后,小王满怀憧憬地升入初中。他小学的成绩一直优异,因此他相信自己也能在初中继续保持领先地位。虽然小王的父母作为高级知识分子,但是很少在学习上给予他帮助,不过这也不影响小王始终保持自律的习惯,每天坚持完成作业后才去吃饭。

进入初中后,小王依然保持着刻苦学习的态度,成绩名列前茅,赢得了班主任的关注和同学们的认可,被选为学习委员。随着学习压力的增大,小王开始感到力不从心。在一次期末考试中,他的成绩令人"大跌眼镜",让他这个时常分享学习方法的好学生感到惭愧和失落。虽然同学们纷纷安慰他,但小王内心的自傲让他无法接受这种友好的安慰。

此后,小王的成绩持续下滑,每次考试都未能达到他的预期,他的自尊心受到了严重的打击,开始怀疑自己的能力和价值。他变得沉默寡言,辞去了学习委员的职务,逐渐与朋友疏远。最终,小王失去了朋友的支持,也感到被老师嫌弃,内心充满了孤独和无助。他每天失眠,内心备受煎熬,陷入了深深的厌学情绪之中。

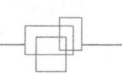

【案例分析】

1. 学业压力过大

学生升入初中后,学习科目明显增加,课程难度也逐渐加大,对学生的自学能力要求更高。一些学生可能无法适应这种突然的转变而导致心理压力加重;中考等考试也让学生感到竞争激烈,对于自身的成绩和排名产生过分的焦虑和担忧。学业压力过大时,学生在生理上时常会表现出失眠、睡眠质量严重下降等症状;一些学生还会因为学业压力过大而产生头痛、胃痛等衍生症状。有的学生情绪波动较大,面对考试或者重要任务时会出现焦虑情绪,对于自身的学习和智力评价常常处于负面的状态。

2. 缺乏目标和动力

许多刚从小学升入初中的学生,没有养成良好的学习习惯,导致在学习的过程中没有明确的学习计划,不知道自己该怎么学、学什么,学习效率低下。另外,部分学生对学习的内容不感兴趣,无法产生学习的热情和动力,使学习的效果不佳。也有许多学生缺乏自我的驱动力,需要外部的监督才能进行学习,一旦外部压力消失,学习的动力也将随之减弱。另外,很多学生在学习过程中没有明确的目标,不知道自己的学习方向,导致学习缺乏针对性和计划性。同时,由于对未来的迷茫,学生也难以寻求学习的真正意义和价值。

3. 适应性较差

许多学生在完成小学阶段的学习后,无法及时适应中学阶段的学习节奏和学习方式,于是产生了学习兴趣不高、作息不规律、学习成绩下降的现象。这往往是因为学生自身的适应力较差,无法及时调整自己的学习状态,不能制订科学合理的学习计划。另外,学生对自己的期待过高,无法面对初中由于学业难度的提升所带来的学习成绩下降的现实。中学相对于小学来说，对于时间的要求更加严格，这容易使学生陷入应接不暇的学习任务困境，给学生的心理造成压力，让厌学情绪陡然上升。

4. 沟通的缺失

许多中学生在集体活动中或是课堂上表现得沉默寡言，不愿意主动与人交流，他们不积极参与课堂学习小组讨论和集体活动。当不得不开口说话时，他们会出现词不达意、表达不清的现象，导致沟通障碍。对于同伴之间发生的一些矛盾纠纷，部分学生也不会主动与老师、父母进行沟通并寻求解决问题的办法。这主要是因为初中生正处于青春期，心理成熟度较低，对于社交规则和沟通技巧掌握不熟练，导致沟通不畅。此外，如果家庭缺乏沟通的氛围，或者家长对孩子的社交能力缺乏适当的培育，孩子将会养成不良的社交习惯，进一步导致交往中沟通的缺失。

【对策建议】

1. 了解真实原因

班主任需要深入了解学生的学业处境不利的原因，找到他们在学习上的困惑和难点，初步判断产生问题的原因。另外，班主任可以与家长进行交流，了解学生在家中的学习情况、家长的教育方式、家庭氛围等。通过这两方面的努力，班主任能够更好地分析学生的学习表现，全面了解学生，发现学生的问题所在，并给予有效的指导。

2. 进行个性化辅导

班主任针对那些学习基础薄弱的学生，可以采取一对一辅导的方式，帮助学生夯实基础，提升学生的学习能力，使其重拾学习信心。班主任应细心讲解知识点，注重培养学生的思维能力和解决问题的能力。同时,还应该多鼓励学生学会思考和质疑,激发学生的学习兴趣和学习动力。对于学习方法不当的学生,班主任可以组织小组辅导活动,让学生之间互相讨论,彼此合作,掌握有效的学习方法。在小组辅导中,班主任要扮演一个"引航者"的角色,引导学生积极参与讨论,鼓励他们主动发表自己的想法,从而培养学生之间的合作精神和沟通能力。同时,班主任也不能忽视学生个体的差异性,应关注每个学生的学习情况,及时给予指导和帮助。

3. 建立家校合作机制

班主任应与家长保持密切沟通,及时了解学生在家庭中的学习情况和心理状态,引导家长关注学生的学业发展和心理健康状况,帮助学生调整并展开有计划的学习。同时,班主任还可以向家长传授一些有效的教育方法和策略,帮助家长更好地支持孩子的学习和生活。

此外,班主任可以邀请家长参与班级的教育活动和管理工作。例如,可以组织家长座谈会、家长志愿者活动等,建立起家校之间同向、同行的协作关系。

4. 提供专业支持

班主任可以引导学生学习一些有效的情绪管理技巧和方法,如深呼吸、心理放松训练等,帮助他们更好地应对学习和生活中的压力。对于存在心理问题的学生,班主任应该及时提供心理支持和帮助,引导学生寻求专业的心理咨询和治疗服务,帮助他们解决心理问题并恢复健康的心态。班主任可以通过组织班级活动、布置教室文化环境等方式,为学生创造一个良好的成长环境;班主任可以鼓励学生积极参与集体活动,培养他们的团队合作精神和集体荣誉感。

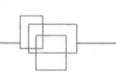

【拓展延伸】

1. 空椅子疗法

你需要准备一把椅子,然后对着它诉说自己的委屈。诉说的内容可以是亲人对你的心理创伤,也可以是人际交往中带来的痛苦等。这是一种宣泄情绪和排解压力的做法。

2. 镜子疗法

面对镜子里的自己说:"我能行,我是最棒的"。给自己提供积极的心理暗示,建立信心和勇气。

三、引领自我关爱

随着社会的急速发展,中小学生的心理健康问题日益严峻。《2022国民抑郁症蓝皮书》显示,我国抑郁症患者总人数中,18岁以下人群占30.28%;《中国国民心理健康发展报告(2019—2020)》中显示,青少年抑郁检出率为24.6%。许多被心理问题羁绊的学生,身心健康、社会适应能力都会受到影响,病情严重的学生逃避人群,不能正常学习,甚至有自我伤害的想法或行为,生命安全受到一定威胁。

【情境案例】

小灵是高三的女生,从小父母离异,与爷爷、奶奶一起生活。爷爷、奶奶脾气急躁,很少与小灵沟通。小灵的父亲离异后再婚,母亲也有男朋友,但在小灵的要求下没有结婚。初三时她跟母亲一起生活,母亲对她的学习要求比较高,她经常会因学习问题与母亲发生冲突。进入高中后,小灵学习特别刻苦,成绩在班级处于中上等,她特别想考上大学,心理压力很大。她在班级里朋友也不多,不愿把自己的痛苦向同学倾诉。小灵升入高三后,

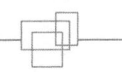

学业压力倍增,努力学习却不见成效,这导致她常常情绪低落,有时难以控制地流眼泪,发脾气,晚上经常失眠,上课时难以集中注意力。

【案例分析】

  1. 家庭不健全导致缺乏安全感

  来自离异家庭、单亲家庭等家庭结构不健全的学生,容易缺少关爱,使得他们的情感需求得不到满足,产生强烈的不安全感。他们在成长的过程中得不到来自家庭的支持,因此在遇到学业压力、交往矛盾时,容易情绪失控,导致极端行为的发生。

  2. 个人性格导致不当行为模式

  中学阶段是学生自我同一性和角色混乱的阶段。他们经常会思考"自己是一个什么样的人?""我是谁?我要去哪里?"他们对自己有期待、有要求,对未来有美好的憧憬;他们渴望被认同、被理解、被尊重,但心理发育不够成熟,情感丰富而自控能力差,遇事易冲动;他们有很强的自主意识,同时对家人有依赖性,表面坚强,内心却敏感脆弱。当他们的理想与现实落差较大,难以获得期待的结果,或者他们的努力与收获不成比例时;当他们难以获得家人的理解支持、同伴的认可和欣赏,自我认同感混乱时;他们难以承受的痛,难以释怀的耻,过往经历的伤……就像一座座山,压得他们喘不过气,让他们对自我、他人、世界、未来产生怀疑,甚至是丧失信心。因此,这个年龄阶段的学生容易出现焦虑、抑郁,甚至自伤行为。

  3. 现实压力导致自我认知偏差

  家庭的不健全会给成长中的学生带来不安全感。特别是升入高中后的巨大学业压力,自我情绪调整的无力感,现实生活的不可改变,使小灵这一类学生对自我的认知发生偏差。他们会

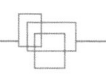

产生"自己活着是多余的""活着没有意义"等想法,甚至导致悲剧的发生。

【对策建议】

1. 理性看待危机事件

班主任要有危机意识和危机识别的能力,当发现学生处于危机状态,如学生进行自我伤害行为时,不要惊慌失措,要能先稳定自己的情绪。可以先深呼吸,让自己平静下来,自己保持理智状态,然后体察自己当下的一些心理反应、情绪感受,试着给自己一些积极暗示。这样才能以积极的心态引导学生进行情绪调整。班主任的临危不乱,能够让处于危机中的学生产生安全感,帮助教师顺利化解危机。

2. 让危害最小化

班主任面对处于危机中的学生,首先需要关注学生的需求,可以给她们喝点水、吃点零食,以此慰藉学生的情绪。如果学生的伤口不是很深或不是很严重,可以带去医务室处理伤口;如果伤口很严重,就要快速去附近医院进行处理和治疗。班级危机干预小组成员要各司其职,同时班主任要适时通知家长到校,向学校相关领导汇报。只有及时处置,才能让学生受到的伤害最小化。

3. 了解危机起源

教师要以温柔而关切的语气,通过倾听心声,了解危机起源,展开师生之间的交流。教师可以说:"伤口还痛吗?现在感觉怎么样?看到你的伤口,老师感觉挺心疼的,可以告诉我发生了什么吗?"饱含共情的倾听与交流是对学生最好的安慰、尊重与关爱。此外,教师需要放慢处理事情的节奏,耐心地陪伴,不强迫学生,尊重学生的感受,透过他们的外在情绪和行为反应,试着探求他们内心的需求和渴望,寻找解决问题的方法。

4. 探索解决办法

教师待学生明白自己真正的需求和实际的困难后,可以陪伴学生一起去探索解决问题的思路。如果是一些现实问题,可以引导其对问题进行拆分,分解成一个个较小的问题,探寻解决的方法,评估各种方法的利弊,选择一两种最有效的办法去执行。班主任要明确学生利用哪些资源能帮助其完成任务,或者启发其对于过往成功经验的回忆,从而更有效地解决问题。总之,要让学生感受到有人可以跟他们一起面对困难,有办法解决面临的困扰,这可以缓解其压力,重新燃起对未来的希望。

5. 指导协同解决

如果学生有自我伤害的行为,班主任要第一时间与家长取得联系,如实告知现状,表达自己的担心与关爱,并商讨可能需要的帮助。教师与家长沟通时,需要以同理心关注家长的需求,体谅家长的感受。让家长感受到来自学校、教师的支持。教师要注意在会商之前,做好沟通或会商计划,商讨会商时间和会商议题,同时也要跟学生沟通,获得学生的认同,让其知道与家长沟通的意义,让学生感受来自学校和家庭的温暖。

6. 形成心理支持系统

教师可以带领学生一起营造温暖、友爱的班级氛围,鼓励同学之间的支持与关心,安排有热情、有爱心、懂得沟通、会表达、能共情的同学同桌就座。在这样的班集体中,有心理问题的学生能感受到来自师长和同学的关爱、理解、支持和接纳,产生对于集体的归属感和安全感。班主任带领学生在活动体验中,学会认识、了解、控制自己的情绪,训练对于幸福的感受力;班主任还可以开展"生命教育"班会课,与学生一起探寻生命的价值,追寻生命的意义,提升学生认知生命价值的能力。

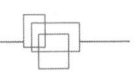

除此之外,班主任老师还可以与班级学科教师联动,安排一对一辅导老师,统筹作业布置,形成育人合力;提供心理咨询热线,提醒学生遇到问题可以连线求助;带领学生选择体育、艺术等项目,培养兴趣爱好,建立自信,舒解压力;采用团辅的形式,指导学生学会爱自己、欣赏自己、展现自己。

【拓展延伸】

危机干预的基本步骤

1. 确定问题:从学生的角度探索和定义问题。

2. 保证学生安全:将学生对自我和他人产生的心理上的危机感降到最小。

3. 给予支持:提供一些机会让学生相信时刻有人在关心他。

4. 应对机制:利用能够战胜目前困境的一切资源。

5. 建设性的思维方式:改变学生对于问题的看法。

6. 制定计划:给学生一个善意的建议或计划,以此恢复他们的自制能力。

7. 得到承诺:学生向自己承诺并采取切实可行的行动方案。

第四章

珍爱生命

每个人的生命都是独一无二的,拥有无限的可能性和潜力。我们在生活中难免会遇到各种挑战和困境,但珍爱生命的人会更加坚韧不拔,勇于面对困难,积极寻求解决问题的方法。珍爱生命意味着尊重自己的生命的存在,努力发掘自身潜能,实现个人价值。我们通过积极的生活态度和行为,可以让生命充满意义,让生活更加丰富多彩。

第一节　学会珍爱生命

2021年7月12日,教育部办公厅发布的《关于加强学生心理健康管理工作的通知》中明确指出,学校要"注重安排形式多样的生命教育、挫折教育等课程,切实培养学生珍视生命、热爱生活的心理品质,增强学生的责任感和使命感"。中小学生正处在身心发展的重要时期,随着生理、心理的发育,社会阅历的丰富及思维方式的改变,特别是面对社会竞争的压力,他们在学习、生活、自我意识、情绪调适、人际交往和升学就业等方面,会有各种各样的心理困扰。生命教育是一项重要的教育内容,旨在引导学生正确认识生命、珍惜生命、尊重生命和热爱生命,提高自我保护能力,培养健康的生活态度和生活方式。因此,在中小学开展珍爱生命教育,是学生身心健康成长的需要,也是全面推进素质教育的必然要求。

一、生命教育的现状

生命教育最早起源于美国,随后在诸多发达国家展开。我国台湾地区于1997年开始推动生命教育,随后,辽宁省、黑龙江省和上海市也相继推进生命教育。当前,我国越来越重视对青少年的生命教育,并将生命教育写入了《国家中长期教育改革和发展规划纲要(2010—2020年)》,使其成为与体育教育、劳动教育、安全教育、国防教育、可持续发展教育并列的六大教育之一。事实上,我国的生命教育在认识和实践领域里的空白还有很多,尤其是落实到生命教育课程开设及实践环节的研究与实践还很不充分。

1. 纳入课程体系

一些地区和学校已经将生命教育纳入正式的课程体系中,使其成为学生的必修课或选修课,这包括将生命教育的内容融入相关学科,如生物学、心理学、社会学等,以及开设专门的生命教育课程。

2. 教育内容多样

学校生命教育的内容涵盖多个方面,包括生命起源、生命过程、生命价值、生命责任等。同时,也包括对生命尊严、生命平等、生命共生等概念的理解和探究。一些学校还特别注重通过实践活动和社区服务等方式,让学生亲身体验生命教育的内涵。

3. 教育资源不足

虽然生命教育逐渐受到重视,但教育资源仍然相对不足。一些偏远地区和农村地区仍然缺乏专业的教师和课程资源,导

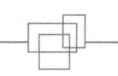

致生命教育缺失,或者实施效果不佳。同时,由于生命教育涉及多个学科、多个领域,因此需要跨学科、跨领域的师资力量来支持课程开设。目前,教育资源不足仍是有效开展生命教育的最大问题。

4. 学生态度多元

学生对生命教育的态度因个人和地域的差异而有所不同。一些学生对生命教育表现出浓厚的兴趣,认为它有助于他们更好地认识生命,理解自我并珍惜生命,好好生活。然而,也有一些学生认为生命教育与他们的日常生活关系不大,因此对其缺乏兴趣。

5. 社会密切关注

近年来,随着社会对青少年心理健康问题的关注度不断提高,生命教育也逐渐受到更多的关注。越来越多的人开始认识到生命教育的重要性,并呼吁将其纳入更广泛的课程体系中。

二、生命教育的内容

生命是宝贵的,有价值的,每个人都应该珍惜自己的生命,同时也要尊重他人的生命。因此,在中小学开展珍爱生命的教育非常有必要,教育的内容应该包含以下几个方面。

1. 认识生命

通过生命教育,引导学生了解生命的起源和奥秘,认识到生命的珍贵和脆弱,从而更加珍惜生命,并树立正确的人生观。

2. 尊重生命

通过生命教育,帮助学生了解不同文化和社会背景下生命的价值和意义,引导学生尊重和热爱生命,积极面对生活中的挑战和困难。学生应该学会关爱他人,尊重他人的权利,不欺负、不歧视他人。生命教育要追求的不仅是对自己生命的珍惜,还有对他人的生命乃至所有生命的尊重与珍爱。

3. 了解生命

学校应该引导学生思考生命的意义和价值,让学生明白生命不仅仅是活着,更是追求幸福和成长的过程,帮助学生形成积极的心理品质。学校可以通过开展各种形式的活动,例如项目学习、体艺竞赛、研学展演、社会实践等,让学生体验生命的丰富多彩。

4. 提升幸福感

学校的生命教育关注学生的身心健康、人际关系、人生规划等方面的内容。生命教育的开展有助于师生全面发展和提升幸福感,实现自我价值。学校应该帮助学生了解生命的美好,规划美好人生,追求更好的生活,树立正确的人生目标。

三、生命教育的意义

生命教育是学校教育的基础。也就是说,学校的教育都应该从尊重生命开始,而且无论遇到任何情况都不能偏离。教育就是让每个学生找到自我发展和自我成长的原动力,最终过上幸福生活。生命教育在我们中小学生日常的生活中无处不在、无时不在。开展生命教育,对于青少年学生来说具有重要意义。

1. 社会环境发展变化的迫切要求

日常生活中,不珍惜生命、不爱护生命的现象屡见不鲜。每年因缺乏生命安全知识,死于溺水、交通事故的青少年不在少数。此外,校园伤害、意外事故等威胁青少年学生人身安全的各种因素,也在一定程度上影响了青少年的健康成长。因此,迫切需要培养青少年形成科学的生命理念,进而树立正确的世界观、人生观和价值观。

2. 促进学生身心健康成长的必要条件

现代社会的青少年学生生理成熟期明显提前,极易产生生理、心理和行为发展的不平衡现象。长期以来,部分中小学生因未处理好身心成长、学业发展、人际交往等问题,呈现出诸多心理问题,更有甚者会出现自伤、自残、自杀等行为,最后酿成悲剧。因此,需要积极引导学生科学理解生理、心理发展的规律,正确认识生命价值和生命的意义。

3. 家校共育的重要职责

当前,家庭教育和学校教育都面临着新的挑战,存在和青少年成长需要不相适应的问题。相当一部分家长不了解青少年学生身心发展的规律,忽视青少年渴望得到理解与尊重的需求,缺乏科学的家庭教育理念和方法,加剧了部分青少年学生心理问题的出现,如厌学、逃学、离家出走、自杀等,有的甚至走上违法犯罪的道路。因此,学校迫切需要联合家庭开展科学适切的生命教育。

4. 现代学校教育发展的必然要求

我们处在由教育所带来的竞争浪潮中,不少孩子被迫加入教育的"军备竞赛",被升学重任和心理负担"压弯了腰",少数孩子甚至出现极端的状况。因此,需要加快学校教育的改革,从生理、心理和伦理等方面对学生进行全面、系统、科学的生命教育,引导学生善待生命,帮助学生完善人格、健康成长。

总之,珍爱生命的教育是青少年学生的人生必修课,它无论是对学生个人的成长,还是对整个社会的发展,甚至是对于民族复兴大业的中国梦的实现都具有重要的意义。

第二节　提升生命的品质

积极的心理品质是指个体在先天潜能和环境教育交互作用的基础上形成的相对稳定的正向心理特质，是个体成长和发展中不可或缺的重要因素。通过不断培养和提升自己的积极心理品质，我们可以更好地应对生活中的各种挑战和困难，实现个人的生命价值和社会价值，享受幸福美满的人生。青少年由于性格、学习、环境等因素造成的心理压力比比皆是，教师如何引导青少年养成积极的心理品质，将生命教育落到实处，这是一个具有深远意义的永恒课题。

一、家有二宝不烦恼

我国自2016年开始全面实施一对夫妇可生育两个子女的政策。随着二胎政策的放开，许多二孩家庭面临着经济、教育、医疗等多方面的挑战。此外，由于两个孩子之间的年龄差异，可能会产生同胞竞争等诸多问题，如果处理不好，就会影响孩子的健康发展。

【情境案例】

期中考试后，小韩的成绩下降明显，她看起来心事重重。小韩在心理辅导室里逐渐向老师敞开心扉，她觉得因为妹妹成绩更好，所以爸爸、妈妈更喜欢妹妹。除此以外，她觉得在这个家里自己虽然是姐姐，但是没有得到妹妹的尊重和爸爸、妈妈的宠爱，感觉在家的每一刻情绪都很低落。她还举了一些例子，比

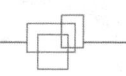

如,爸爸、妈妈经常说她考试成绩不好,经常命令她做家务,妹妹却不用做家务。平日里,妹妹只要取得一点成绩,妈妈就表扬妹妹,还给予相应的奖励,而她每次足球比赛获奖时,既没有得到言语上的表扬,也没有物质上的奖励。小韩在家的每一天都觉得很难熬,每天放学后都不想回家。

【案例分析】

1. 心理适应困难

家有"俩宝",本应是一件十分幸福的事,只是伴随而来的还有许多的争吵,甚至可能出现孩子的心理适应问题。奥地利儿童心理学家阿德勒曾经分析过家庭排行对人的行为的影响。他指出,出生在同一家庭的儿童,因不同的出生顺序,造成不同的家庭地位,最终会导致不同的性格及行为。因此,家庭中的第一个孩子都会经历一段"独生子"时期,随着二宝的出生,分散了家人的注意力,即"老大"从被独宠到被夺走一半,甚至更多的爱。在这个过程中,"老大"难免会对家长的言行过于敏感,导致心理失衡,从而诱发更多的亲子,甚至手足同胞之间的矛盾。

2. 焦点在于"争宠"

多孩的家庭就像一个竞技场,父母在有意无意间会把两个孩子进行比较。这必然使弱的一方感到心里失落,好像永远有一个领跑者在前面,必须奋力追赶,才能追上自己的兄弟姐妹。这会使得孩子产生疲惫感、失落感,甚至心生妒忌。因此,有的孩子会希望通过各种各样"争宠"的方式,表达自身的需求或寻求父母的关注。

3. 缺乏沟通交流

多孩家庭中的大多数问题主要集中在亲子间的沟通和同胞间的相处上。父母作为多孩家庭中重要的成员,如果不能有效

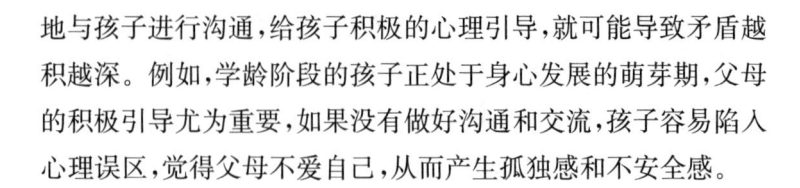

地与孩子进行沟通,给孩子积极的心理引导,就可能导致矛盾越积越深。例如,学龄阶段的孩子正处于身心发展的萌芽期,父母的积极引导尤为重要,如果没有做好沟通和交流,孩子容易陷入心理误区,觉得父母不爱自己,从而产生孤独感和不安全感。

【对策建议】

现今二孩家庭甚至三孩家庭越来越普遍。怎样引导多孩家庭中的孩子,尤其是"老大"顺利度过敏感期,既关系到家庭关系的和谐,更关系到孩子的心理健康。

1. 用心倾听孩子的不快乐

孩子不快乐的原因往往有很多种。有些大人觉得是无足轻重的问题,孩子却在心里纠结很久,久而久之多了一些负面情绪,少了一些积极心理。法国文学家伏尔泰说过,"耳朵是通往心灵的道路"。善于倾听孩子的心声,虽然不会产生立竿见影的效果,但只要假以时日,一定会帮助我们和孩子建立起真正的信任关系。因此,当孩子愿意倾诉他们的不快乐或者当我们发现孩子有负面的情绪时,首先要做的就是倾听,倾听是我们与孩子建立信任关系的基础,倾听也是引导积极情绪的前提。

我们要创设良好的语言环境,让学生的心理处于比较放松和安全的状态,这样有利于他们的情绪输出。倾听时,可适当微笑、点头,或者与孩子目光对视,用身体前倾来告诉孩子,我们在认真听他们说话,让孩子感到被尊重。同时要摒弃对孩子的评判,带着同理心去倾听孩子的内心想法。

2. 培养孩子积极的心理品质

班主任可以通过主题班会、家访、问卷调查、小组讨论、亲子家长会等多种形式,开展关于多胎家庭问题的讨论,引导学生用积极的心态正确看待问题。积极心理学的核心观点是发现学生

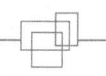

的优势，挖掘其潜能，提升他们的生活幸福感。一个有积极心理品质、幸福感高的人，就会具有强大的心理免疫能力和心理弹性来应对面临的压力和挑战，预防身心疾病的产生。

生活中与小韩有着类似遭遇或感受的孩子不在少数，班主任可以组织班级部分同学召开"小圆桌会议"，或者组织全体同学开展"二胎家庭的烦恼与快乐""怎样拥有积极心理"等主题班会，让学生充分认识到二胎家庭的普遍性以及如何调整自己的情绪，怎样与父母和兄弟姐妹友好相处，进而形成更加积极的心态，养成乐观、勇敢、热情、真诚的心理品质。

3. 引导家长关注家庭教育

培养孩子积极的人生观，既需要学校老师的引导，更需要家长的支持，社会的关注。家长是孩子的第一任老师，家长的教养方法以及与孩子相处的方式将对孩子的心理和行为产生最直接和深远的影响。因此，班主任老师要争取家长的支持，指导家长正确看待孩子积极心理的培养。首先，我们应该引导家长建立正向的沟通机制，让孩子能够接受正向的教育和反馈。只有建立了正向的沟通机制，孩子才能更好地理解自己的优点和不足，从而更加积极地面对生活中的挑战。其次，家长应该鼓励孩子之间进行有效的沟通，帮助他们学会表达自己的感受和需求，同时也要学会倾听和尊重对方的观点。鼓励他们用语言来解决问题，而不是采取攻击性的行为，学会寻找共同的解决方案。家长要在家庭中培养孩子之间、亲子之间的团队合作精神，可以通过一些团队活动，如一起完成家务、共同玩游戏或参与户外活动等，让他们学会合作和互助。这样可以培养他们的共同的目标意识，促进兄弟姐妹之间的合作和友谊。最后，要建立积极温暖的家庭氛围。家庭氛围对于孩子之间的关系有很大影响，充满温暖与关爱的家庭氛围，可以建立起亲密的家庭关系，减少矛盾的发生。

【拓展延伸】

幸福的配方

积极的情绪能够以独特的方式，让我们的世界焕然一新。如果说我们的心灵是一座花园，那么我们所实践的所有疗愈的方法，都属于是给花园去除杂草的过程。同时，我们还需要去播种、培育，让花园各类生物蓬勃生长，才能打造出我们心目中那幅和谐、繁盛的美景。我们要能够积极地去创造、构建一座幸福的花园，需要用心播撒下一些种子——积极情绪。美国积极心理学之父马丁·塞利格曼给了我们一个幸福的配方，它们包括：积极情绪、投入感、积极的关系、意义感和成就感。

二、自信交往不抑郁

青春期作为学生人生发展的一个重要时期，也是青少年学生的身心发生巨大变化的阶段。首先，青少年的自我意识开始增强，他们开始对自己的外貌、性格、能力等方面做出自我评价。其次，他们的情感波动也更为频繁，可能会突然出现焦虑、抑郁、兴奋或愤怒等情绪。最后，青少年开始与同龄人建立更深层次的联系，但可能会因为社交带来的压力而感到不安。同时，他们也会有反叛的心理，试图摆脱父母或社会对他们的约束。

【情境案例】

小琴是个听话的女孩，性格内向。她的家庭关系特别复杂，父亲在她四岁时和母亲离婚了。她认为同学们看不起她，不愿和她交朋友，所以很少和同学一起玩耍。一天，小斌不小心把她的文具盒碰到地上，小斌不但没捡起来，还对她恶语相加。小琴

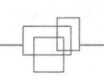

想到平时自己的孤独,便心灰意冷,于是爬到卫生间的窗台上想往下跳,幸好被同学发现并及时制止,才没有酿成悲剧。

【案例分析】

1. 家庭环境影响

原生家庭是一个重要的社会学和心理学概念,指的是一个人从出生到成年之前与父母一起生活的家庭环境。一个人和他的原生家庭有着千丝万缕的联系,而这种联系有可能影响他的一生。小琴的家庭关系复杂,父亲在她很小的时候就和母亲离婚,这给她带来了很大的情感困扰和心理压力。家庭的不稳定可能让她感到缺乏支持和安全感,从而影响了她的自信心和情绪状态,甚至产生自卑、焦虑等消极情绪。

2. 同伴交往困扰

七年级的学生已经进入青春期,开始与父母有冲突,同伴之间的人际关系对他们来说越来越重要,这个阶段的很多学生内心会有孤独感,同时情绪也会变得更敏感,更在意自己在他人心目中的形象,所以他们很多的心理困惑和纠结往往也与人际关系相关。[1]小琴性格内向,认为自己被同学看不起,这导致她缺乏与朋友的社交支持,当面对小斌的攻击性言语时,她更容易感到孤立无援,无力应对,从而产生消极情绪。

3. 自我价值感低

自我价值感是一个人对自己的价值、重要性和自信心的认知和感受,它是一个人心理健康的基石。由于家庭问题和社交困扰,小琴可能对自己存在的价值感产生怀疑,认为自己不值得

---

[1] 庹博源.爱的五种语言——七年级人际交往心理课设计[J].中小学心理健康教育,2023(07):35.

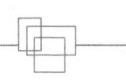

被同学喜欢和接纳。这一类学生往往过分在意别人的评价，忽略自我价值，认为只有得到别人的认可才能证明自己有价值，导致对自我价值的低估。这种负面的自我评价，会进一步加剧其孤独和无助感，进而给生活带来诸多困扰。

4. 青春期心理敏感

初中生正处于青春期，他们心理的发展未跟上生理发育的速度，这就造成身心发展的不平衡，这种不平衡会给他们带来心理冲突和心理危机。比如，会对他人不太友好的行为产生各种联想。正是因为初中生情感丰富、多愁善感，对人、对事过于敏感，致使同伴交往缺乏稳定性，导致同伴交往出现问题。青春期的中学生自我意识增强，会把更多的关注置于对自身的思考之中，这一时期，他们的心理发展往往具有矛盾性，常常会受到焦虑、抑郁、孤独、自卑等情绪的困扰。

【对策建议】

造成青春期学生情绪低落的原因有很多。作为班主任，要想帮助内心敏感、多愁善感的他们改变现状，培养积极乐观的心态，这都需要长期、耐心的教育和引导。

1. 塑造正确的交往观

良好的人际关系和同伴关系可以帮助学生更好地适应学校的生活，产生强烈的归属感。教师可以鼓励像小琴这样的孩子多和班级里积极乐观的同学一起玩耍。一方面，引导具有正能量的学生多去关心和赞美他们，寻找一些共同爱好，利用课间等时间说说话，聊聊青春期的小秘密；另一方面，可以鼓励他们主动去找同学沟通，交流意见，从而加深同学间的了解和信任。班主任还可以通过主题班会、小组讨论等方式，培养学生积极的交往态度和正确的交往方法。

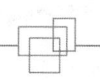

2. 营造良好的班级氛围

青春期是学生在心理上逐渐减少对成人的依赖,走向独立的心理断乳期,父母和老师对他们的影响逐渐减弱,他们更重视自己能否被同伴接纳,能否与同伴建立友谊,获得同伴的理解和认可。同时,班集体在培养学生优良的心理品质方面发挥着特殊作用。班主任可以通过影响学生所在的集体,然后通过集体和其他教师一起去影响每个学生,从而产生良好的教育效果。班主任可以组织团队建设、团体辅导或小组讨论活动等,帮助同学们更好地了解彼此,在相处中学习如何正确地关心自己,关爱他人。通过这些活动,教师可以鼓励青春期的孩子勇敢地展示自己的优点和特长,增强自信,从而改善与同学的关系,逐渐克服自己的内向性格,主动尝试与同学建立联系,提升自我效能感。

3. 共同关注心理健康

我们要解决像小琴这样因为家庭等因素自卑、消极甚至抑郁的孩子所面临的心理问题,需要多方面的努力和配合。我们可以通过家庭、学校和社会的共同努力,为他们创造一个更加积极、健康的成长环境。他们的家人、老师和同学都应该给予更多的关心和支持,特别是父母双方,即使离异也应该尽量为孩子创造一个温暖、友爱的家庭环境。同时,家人也可以鼓励孩子参与一些家庭活动,增进亲子关系,提升他们的安全感。通过我们的共同努力,相信可以帮助青春期自卑或者"社恐"的孩子走出困境,重拾生活的信心和希望。另外,无论是家长还是老师,如果发现有抑郁倾向或其他严重的心理疾病的孩子,应立即寻求专业心理咨询师的帮助,根据个性化的治疗方案,帮助他们缓解情绪困扰、增强心理素质。

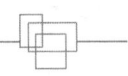

【拓展延伸】

曼陀罗绘画

曼陀罗绘画由色彩、形状、线条构成，曼陀罗绘画能投射人内心的想法和感受，不同的人画的曼陀罗会有不同的意境。孩子们在给曼陀罗涂色时，即是在描绘自己内心的感受。他们拿起不同颜色的画笔，笔尖在纸上涂抹时，内心的烦恼、孤独、压抑感会随着画笔自然流淌出来，完成涂色后，会有一种舒畅感和满足感，以此来达到情绪表达和宣泄的作用。

三、释放压力不焦虑

中学生需要应对多门学科的学习以及中、高考等关键考试的压力。当父母的期望过高时，他们可能会出现情绪波动大、易怒、焦虑等心理问题，也可能会表现出学习困难、注意力不集中等学习问题，以及失眠、身体不适等健康问题。这些问题不仅影响他们的学习和生活，还可能对他们的未来产生不良影响。

【情境案例】

小李同学最近觉得学习压力有点大，每天学习到深夜，经常出现考前睡眠不好的现象。他的前几次考试成绩都不理想，爸爸、妈妈经常抱怨，认为小李肯定偷懒了，小李感到很委屈，于是跟父母大吵了一架。晚上做作业时天空正在下暴雨，窗外电闪雷鸣，小李心情更是烦躁，正巧这两天从新闻中看到有中学生跳楼的消息，他特别担心自己是不是得了抑郁症。

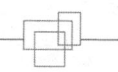

【案例分析】

1. 学习压力大

中学生面临的压力主要来源于学业、考试、同学竞争和家庭的期望。这些压力可能导致一系列生理和心理反应，如脱发、失眠、情绪波动、注意力难以集中等。小李每天学习到深夜，说明他为学习付出了很大的努力。几次考试成绩不理想也让他感到挫败和焦虑，这进一步加大了他的学习压力。事实上对中学生而言，面对人生最重要的考试，必然会有学习上的心理负担。

2. 家庭关系紧张

家长普遍都有"望子成龙、望女成凤"的想法，他们会不自觉地根据自己的期望，给子女制定一些较高的学习目标，这在无形中增加了子女的学习压力。"考大学才是唯一出路"的思想观念时常压得中学生喘不过气来，他们也会越来越看重考试成绩。更有甚者，将孩子的考试成绩作为自己"炫耀"的资本，如果孩子的成绩优异，他们就会觉得十分光荣和自豪，反之就会产生失望与悲伤的情绪，导致家庭氛围变得压抑。[①] 对于正处于青春期的中学生来说，这样的家庭教育方式会使得他们出现心理上的抵制，于是在约束与反抗的不断"纠缠"中，导致亲子关系和家庭氛围的急剧恶化。

3. 情感的缺失

学生成长过程中的情感缺失，会导致他们降低自己存在的价值感，时常贬低自己，将负面情绪发泄到自己身上，习惯性自我批评和自我惩罚，甚至自暴自弃，产生精神抑郁。学生在快节奏的学习生活中，面对家长和学校老师的期待，会不自觉地提高

---

① 庹博源.高中生学习压力与成长动力的自我体验研究［J］.成才之路，2017(01)：98.

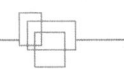

对于自身的要求,对学业的目标定位也会越来越高。从个体心理的发展来看,中学生面临自我同一性发展任务,他们在追问"我是谁"的过程中发现并发展自我,容易出现情绪波动,陷入焦虑、迷茫、混乱状态,进而导致心理问题。[①]

4. 外部环境的负面影响

世界卫生组织的报告显示,精神卫生问题在10岁至20岁的人群中尤其突出,抑郁导致的自杀是全球青少年死亡的第三大重要死因,一半的精神疾患开始于14岁,而抑郁症是生病和残疾的最重要原因。由于近年来我国经济快速发展,社会剧烈变迁,身处信息化时代的中学生,也正处于生理、心理快速发育的时期,他们的心理健康状况面临着更多挑战。

【对策建议】

对于正处在青春期的中学生来说,他们无论是在生理需求还是心理发展上均面临着较大的压力,有时容易陷入迷茫。此时期,老师和家长的引导显得尤为重要,老师和家长要成为中学生重要的人生伙伴和引路人。

1. 主动沟通交流,与孩子深度共情

班主任可以尝试与压力大的学生进行沟通,倾听他们内心的真实想法,使他们有一个能够抒发自己情绪的窗口。一方面,教师可以与他们共情中学生活的苦涩,尊重每一位学生的自身体验,肯定他们的付出,感受他们成功的喜悦,失败的苦涩;另一方面,我们可以与这些学生共同寻找难以提高成绩的原因,找到问题的症结,让他们更加客观地认清自己,从而有的放矢,在迷茫中找寻最佳的出路。另外,我们还可以为他们提供适当的帮

---

① 申荷永;高岚.心理教育[M].广州:暨南大学出版社,1995:142-144.

助,在班级里开展小组互助学习,营造良好的学习氛围和良性竞争局面,减轻学生的内耗。同时,中学的学业需要大量的时间和精力,如果学习时间安排不合理,导致学习效率下降,进而产生更多压力。因此,班主任可以建议学生在规划学习任务时要合理安排。我们只有真正了解学生的压力来源,才能更有针对性地帮助他们疏导压力。

2. 寻求专业心理指导,找到缓解压力的方法

现在的中学几乎都配置了心理咨询室,配备了专业的心理辅导老师。班主任首先要鼓励学生勇敢地面对压力,正确地看待压力,同时积极寻求别人的帮助。心理辅导老师的专业指导将对面临学业压力、家庭压力的中学生起到关键性的疏导作用。教师可以为孩子提供很多缓解压力的小技巧和方法,还可以通过团体辅导等方式,帮助学生在团体中找寻自我,促进同伴之间的相互鼓励,用团体的力量帮助个体摆脱困境。必要时,班主任要提醒家长带领孩子到正规医院就诊,如发现抑郁倾向,要遵循医嘱及时关注与治疗。

3. 学会放松与调节情绪,培养积极的心态

学生在中学阶段保持良好的心态尤为重要,好心态尤其能对负面的情绪起到关键性的调节作用。美国心理学家艾利斯认为,负面情绪的来源是个人头脑中产生的不合理信念。比如,考试考砸了,不合理信念是,"我考砸了,我完蛋了。"我们可以建议学生冷静下来和老师或者父母一起分析、一起面对,不要精神内耗。同时,还可以鼓励学生尝试培养一些兴趣爱好,参加一些校内外的文体活动,与父母或者家人分享自己的收获与体验。这样可以帮助学生建立积极的生活态度,增强自信心和幸福感。当然,兴趣爱好能丰富学生的情感,锻炼自己的意志品质,对身心健康发展也有很大的好处。

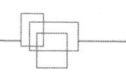

4. 家校密切合作，共同帮助孩子减轻焦虑

父母每天和孩子生活在一起，一定会发现孩子的情绪变化。作为班主任，我们可以建议家长主动和孩子交流，而不是一味地指责。父母要注意在沟通中多倾听孩子的烦恼，减少说教，帮助孩子把不合理的想法转变为合理的信念。比如，将"我考砸了，我完蛋了。"转变为"这次我考砸了，但是下次我可以更加努力。"只有把失败的遗憾变成勤奋的动力，才能更好地帮助孩子从负面情绪中走出来。父母还可以和孩子一起制定合理的目标，不要好高骛远，更不要妄自菲薄。适切的目标能让孩子有更高的成就动机，从而顺利完成目标，获得自我效能感。总之，家庭良好的沟通和轻松的氛围是孩子压力的调和剂，家长用实际行动引导孩子保持积极向上的心态，才是缓解学生压力最好的方式。

【拓展延伸】

中学生压力大，父母怎么开导

父母要多陪陪孩子，让孩子觉得幸福，能感受到父母一直在身旁鼓励自己。

家长要善于发现孩子的进步，要"打着灯笼"找优点，与孩子分享成功的喜悦。

尽量给孩子创造一个安静舒适的家庭环境，让孩子在家里保持心情轻松愉悦。

家长要调整心态，帮助孩子减轻压力，同时要引导他们掌握正确的学习方法；家长要帮助孩子客观理性看待中、高考，减轻考试焦虑。

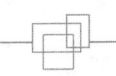

第三节　唤醒生涯规划

人的一生应该怎样度过？每个学生几乎会都像哲学家一样思考过这个问题。其实，从某种意义上来说，这就是人生规划。学生作为成长中的生命个体，他们在人生的不同阶段会有不同的追求。所以，引导学生进行理性的生涯规划就显得尤为重要。

一、学业规划逐未来

互联网的发展使我们几乎进入了全民直播的时代。尽管互联网规定，未成年人不得直播盈利，但青少年学生依然对此充满好奇，有的学生甚至想要加入其中。青少年在网络的诱惑下，有时对自己的身体健康、学业规划的认知出现了偏差。

【情境案例】

小林作为一名四年级的学生，被网络直播潮流深深地吸引。她利用母亲的直播账号，开始了自己的学习主播之旅，并意外地获得了可观的收入。然而，这份突如其来的"成功"对她的身体健康及学业规划产生了不小的影响。小林原本是一个活泼好学的孩子，自从进入直播领域后，她的生活重心发生了偏移。为了维持直播带来的收入，她不得不牺牲自己大量的休息和学习时间，甚至常常熬夜。这种不规律的作息和高强度的压力，不仅严重影响了她的学习效果，还对她的身体健康构成了威胁。课堂上，小林的精神日益萎靡，注意力难以集中，学习成绩一落千丈，同时，由于长时间的坐立和缺乏体育运动，她的身体逐渐呈现亚

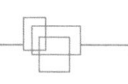

健康状态。

班主任对此深感忧虑，多次尝试与小林沟通，希望她能认识到问题的严重性。然而，小林沉浸在直播带来的短暂快乐和物质满足中难以自拔，并觉得学习成绩好不好其实并不重要。

【案例分析】

1. 健康意识的匮乏

小林在追求直播带来经济收益的过程中，显然忽视了健康的重要性。她未能认识到一个健康的体魄是实现个人愿望、达成人生目标、享受高质量生活的基石。这种对身体健康价值的忽视，反映了她在价值观构建上的偏颇。

2. 家庭监护与引导的不足

小林作为未成年人，其直播行为应受到家长的严格监管与合理引导。然而，其家长的表现显露出监护责任的缺失与引导能力的不足。家长未能及时察觉小林沉迷于直播的苗头，也未能在其价值观形成的关键时期给予正确的引导，导致小林在迷茫与困惑中渐行渐远。

3. 学业规划的短视

小林在学业规划上出现明显的短视行为。她简单地把学习当作经济收益的一种手段，这不仅导致学习成绩急剧下滑，更可能对其长期的学习能力和综合素质造成不可逆转的损害。她未能认识到，良好的学业成绩和扎实的专业知识是未来职业发展的有力支撑，也是实现个人价值和社会价值的重要保障。

【对策建议】

我们应该指导学生做好学业规划，追求有准备且有意义的生活，这也是对生命的尊重。

1. 加强学生的生命健康教育

班主任可以通过丰富多彩的活动,加强对学生的生命健康教育,让学生认识到健康的重要性,学会珍惜和保护自己的身体。通过开设相关课程、举办专题讲座等方式,提高学生的健康素养和自我保护能力。

教师和家长通力合作,与学生一起制定合理的时间管理计划,确保学生有足够的时间用于学习、休息和娱乐。同时,帮助学生调整作息习惯,保证充足的睡眠和适度的运动,以保护生命健康。

2. 培养学生的成长型思维

在当今这个瞬息万变的时代,学习已不再是阶段性的任务,而是贯穿于生命个体全程的必然需求。国家要求发展学生核心素养,将"学会学习"置于重要地位,正是对这一时代特征的深刻洞察与积极回应。它鼓励学生树立终身学习的理念,将学习视为一种生活方式,而非仅仅局限于校园之内的活动。这种开放的生活态度,为学生形成成长型思维提供了肥沃的土壤。成长型思维作为一种积极、灵活且具有学习导向的特质,其核心在于相信个人的能力具有无限的发展潜力,并坚信通过不懈的努力,持续的学习与实践,可以实现自我超越与成长。

班主任首先要鼓励学生设定具体、明确、可衡量的目标。这些目标应该既具有挑战性,同时又具有实现的可能性,以便于激发学生的学习动力。其次,要根据目标制定详细的行动计划,包括时间表、任务分配等。这有助于学生有条不紊地推进学习进程,并逐步实现既定目标。最后,要鼓励学生主动寻求新的挑战和机会,以锻炼自己的能力和提升自信心,让学生明白失败是成长的有机组成部分,要学会从失败中汲取教训并总结经验,迎接最后的胜利。

3. 引导学生正确的学业规划

教师需扮演好学生成长的引导者与合作伙伴的角色,与家长紧密协作,共同为学生量身定制适宜其成长的生活目标与实施计划,引导学生树立正确的学业规划,帮助学生认识到学习的重要性和未来规划的多样性,鼓励他们设定合理的人生目标并为之努力。

此外,为了提升计划的可行性与有效性,我们还应注重将长期目标细化为短期的行动步骤,并设计具体的实施策略与评估机制。例如,将研学活动、兴趣培养等融入学生日常的学习与生活中,使目标更加具体可行,便于学生操作。

【拓展延伸】

什么是成长型思维

成长型思维,也被称为"成长心态"或"成长型思维模式",它是一种相信个人能力和智力可以通过后天努力、学习和经验积累来不断提升和改善的信念。美国斯坦福大学行为心理学教授卡罗尔·德韦克在多年的研究中发现,孩子们之间的根本差异在于他们的思维模式,这种思维模式的差异会导致他们在智商和能力上出现分化。她指出,拥有成长型思维的孩子相信自己可以通过努力、学习和实践来不断提升自己的能力和智力,而不仅仅是依赖天赋或固定的能力水平。

二、生活规划造幸福

一个科学合理的生活规划,能够帮助青少年更好地平衡学习与生活,促进身心健康的发展,引领他们在复杂多变的世界中

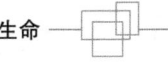

找到属于自己的方向。

【情境案例】

小明是一个活泼好动的初中生,他的生活常常处于无序状态,而且一直有一个困扰他的问题——拖延症。他总是将事情拖到最后一刻才去做,无论是学业还是日常生活琐事。而且这种习惯逐渐渗透到生活中的各个方面。

小明经常把作业留到深夜才开始写,导致睡眠不足,白天在课堂上无法集中精力。长期下来,他的学习成绩逐渐下滑,自信心也受到了打击。由于总是拖延,小明常常错过正常的饮食时间,他也没有固定的运动计划,身体素质逐渐下降。小明面对学业和生活的双重压力,企图用拖延来逃避现实,这反而让他的心理压力不断累积,他很想知道应该如何去规划自己的生活。

【案例分析】

1. 愿景模糊与规划空白

小明在个人发展方面缺乏系统性的目标设定与长远规划,这导致他在执行日常任务时缺乏明确的方向感和驱动力,缺乏具体、可衡量的目标以及相应的时间表,使得他容易陷入即时满足的陷阱,倾向于将任务推迟至最后时刻才完成,从而影响了整体任务的完成效率和质量。

2. 自律缺失与调控无力

从行为心理学的角度来看,小明展现了自我管理能力上的不足。这体现在他难以有效地分配时间资源、管理个人情绪以及抵御外界诱惑的能力上。他倾向于追求即时的快乐而非长远的成就,这种心理倾向削弱了他对任务重要性的认知,并影响了其责任感和自律性的形成。此外,小明对时间价值的认知不足,缺乏时间紧迫感，未能充分认识到时间的有限性和宝贵性，这进一步加剧了他的拖延行为。

3. 家风熏陶与环境压力

家庭作为个体成长的重要环境，其成员的行为模式和期望值的水平对孩子的时间管理习惯的形成具有深远的影响。若家庭成员中存在拖延行为或对孩子的期望值设置不当（过高或过低），都可能成为他形成良好时间管理习惯的障碍。同时，社会环境中的快节奏生活方式和激烈的竞争压力也可能对孩子产生负面影响，增加其心理压力和焦虑感，进而加剧其拖延行为的发生。这些因素交叠在一起，共同构成了影响小明生活规划能力的复杂环境系统。

【对策建议】

生活规划是个人成长的基石，关乎时间管理、目标实现与幸福感的提升。中学是学生学习生涯中至关重要的时期，为了让学生的中学生活更加充实，我们可以指导学生享受有价值的学校学习生活。

1. 家校共育，及时遏住"拖延症"

家庭是孩子成长的第一课堂，家长应首先意识到自身行为对孩子的影响。要以身作则，展示出高效、有序的生活方式。同时，还需为孩子营造一个温馨的家庭环境，鼓励孩子表达自己的想法和感受，理解并尊重孩子的学习节奏和需求。在孩子出现拖延行为时，家长不是过度的指责和批评，而是要通过温和而坚定的方式，帮助孩子认识到拖延的危害，并引导他们逐步改正这一不良习惯。

学校作为孩子接受正规教育的重要场所，也应在遏制"拖延症"方面发挥积极作用。学校可以通过开设时间管理、自我规划

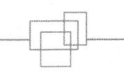

等课程,向学生传授相关知识和技能。教师还应在日常教学中注重培养学生的时间观念和责任感,通过设定明确的学习目标和任务,督促学生按时完成作业和课堂任务。此外,学校还可以与家长建立有效的沟通机制,定期分享孩子在学校的表现,共同探讨解决拖延问题的策略和方法。

2. 同伴影响,营造班级氛围

在青少年的成长过程中,同伴关系无疑占据了举足轻重的地位。美国心理学家朱迪斯·哈里斯在其著作《教养的迷思》中通过详尽的实证研究,挑战了传统观念中父母对孩子成长决定性的影响力。她指出,尽管父母在孩子的成长中扮演着重要角色,但社会化过程及人格塑造的主要驱动力,往往源自家庭以外的同辈群体。这一观点强调了同伴间互动对于儿童心理发展和社会适应能力的深远影响。

教师和家长应当深刻认识到同伴带动作用的重要性。对于特别拖延的学生,教师可以采取策略性的座位安排,为他们配对一位执行力强、时间观念强的同桌,以促进其改掉拖延这一不良习惯。此外,利用课余时间组织同伴间的交流活动,鼓励彼此间的激励、陪伴与经验分享,营造一个积极、包容的社交环境。当青少年感受到来自同伴的温暖与支持时,他们对于学校生活的接纳度也将显著提升。

3. 树立榜样,追求向往的生活

美国文学家爱默生说:"榜样的力量是无穷的。"这句话深刻揭示了榜样在个人成长与社会进步中的关键作用。当青少年仰望那些卓越的人物,他们不仅看到了取得成就的辉煌,更感受到了那份力量。正如古希腊哲学家苏格拉底所说,教育不是灌输,而是点燃火焰。这些榜样正是点燃青少年内心火焰的火种,激发了他们对美好生活的无限向往和不懈追求。优秀的教师和同学以其高尚的品德、优异的成绩和积极向上的精神风貌,也能为学生树立良好的学习榜样,引领他们不断前行。

【拓展延伸】

突破日常快乐的局限,培养深远的满足感

1. 追求个人成长与自我实现

要设定一些与个人成长、职业发展或兴趣爱好相关的长期目标。这些目标应既具有挑战性又可以实现,能够激发我们的内在动力;还要不断学习新的知识和技能,提升自己的能力和素质;更要勇于走出舒适区,尝试新事物,挑战自己的极限。

2. 建立深厚的人际关系

我们可以与家人、朋友建立深厚的情感联系,通过真诚地交流、分享,能够带来情感上的满足感和幸福感;也可以加入或创建与兴趣相关的社群,与志同道合的人一起交流、学习和成长。

3. 追求精神的富足

积极投身于自己热爱的活动中,如阅读、绘画、音乐、旅行等。这些活动能够丰富我们的精神世界,带来内心的平静和满足;可以定期进行冥想和反思,关注自己的内心世界和情绪状态。

三、职业规划创辉煌

青少年时期是职业规划的重要时期,有些学生有着明显的特长和喜好,也能坚持自我;也有很多学生在职业规划上方向不明确,目标不清晰。因此,教师要引导青少年做出正确的职业规划。

【情境案例】

丽丽从小就是大家眼中的乖乖女。高考后,她完全不知道

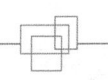

应该填什么专业,甚至觉得任何一项专业在她眼里似乎都差不多,后来父母替她选择了中文专业,认为女生学中文是一个不错的选择,将来可以当语文老师。可丽丽读了大学后,发现自己并不是很喜欢中文专业,因此在学业上提不起任何兴致,出现了挂科现象。丽丽在纠结、苦恼一年后,犹犹豫豫地问家人是否可以转专业,但是究竟选择什么样的专业,她依然说不清楚。这让她倍感苦恼,并开始质疑自己的选择和价值追求。

【案例分析】

1. 自主规划缺失

职业规划是一个人对职业生涯乃至人生进行持续的、系统的计划过程。在现实生活中,很多学生对于生涯规划有着本能的"抗拒",认为在中学阶段只要努力学习,学好所学的科目就行,其他的没必要考虑。这导致他们在选择未来的职业方向时非常犯难,不知道自己喜欢什么,适合做什么,更不确定自己今后应该从事什么样的职业,只好人云亦云地"跟风"选择所谓的热门专业,最后却发现并不适合自己。

2. 父母"包办"过重

家长总是喜欢大包大揽,尤其在学业紧张的高中时期,他们认为学生没有足够的精力和能力去考虑未来的职业。他们普遍认为孩子还小,因此自作主张,代替孩子决定了他们的发展方向。然而,家长们并没有真正地了解孩子的需求、兴趣爱好,而且大部分的家长也没经历过职业规划的培训,他们所做的选择也在一定程度上误导了自己的孩子。

3. 学校培训欠缺

学校几乎把所有精力投入提高学生的学习成绩之中。虽然有的学校也开设职业规划课,但是基本流于形式,或因为教师本

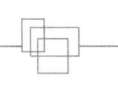

身的不专业而导致课程的效果大打折扣,有的学校甚至从未开设职业生涯规划课程,导致学生的职业规划意识淡薄。

【对策建议】

有了规划,人生才会有方向,学会给自己制定目标,就像船舶有了导航,不至于迷失方向。因此,职业生涯规划是青少年的人生必修课。

1. 指导学生做到知己知彼

青少年需深化自我认知,利用一些权威工具精准剖析自己的性格特质、优势和劣势、兴趣与潜力,为职业规划奠定坚实的基础。同时,应拓宽职业视野,深入探究感兴趣职业的历史脉络、未来趋势及行业需求,并结合社会与行业发展趋势,制定既符合个人兴趣又具备前瞻性的职业规划。

2. 引导家长做出合理指导

父母的教养方式对青少年的职业规划能力构建具有深远的影响。教师应扮演专业引导者的角色,运用心理学、教育学及职业规划理论,对父母进行正确的建议与指导。

首先,教师应引导父母深入孩子的内心世界,采用"同理心倾听"与"积极反馈"等沟通技巧,理解并尊重其独特的职业规划愿景,即使这些愿景尚处于初期,也可能蕴含着潜在的成长动力。这旨在构建一种基于信任与支持的沟通环境,为父母与孩子的有效互动奠定坚实基础。

其次,教师还需引导父母关注行业动态,利用职业信息搜集与分析技能,帮助青少年识别具有发展潜力的职业领域。通过共同制定职业发展目标与实施路径,形成父母与孩子共同努力的合力,一起推动职业规划的实施。

最后,教师还应强调"实践与反思"在职业规划中的重要性,

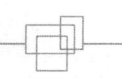

鼓励父母与孩子共同参与实习、职业体验、行业交流等活动，以获取第一手职业信息，加深对职业的理解与认知。通过不断的实践与反思，父母与孩子能够共同调整职业规划策略，确保其适应性与前瞻性。

3. 扎实开展职业规划课程

首先，学校应精心规划职业规划课程内容，确保既涵盖基础理论又紧贴行业动态。通过整合理论知识与实战演练，让学生在掌握核心知识的同时，也能在实践中锻炼能力，为未来的职业生涯做好充分准备。

其次，教师要采用多元化教学策略，如案例教学、小组讨论、角色扮演等，以激发学生的学习兴趣和主动性。同时，充分利用信息技术工具，如在线课程、虚拟实训平台等，拓宽学习渠道，提高教学效率。此外，加强校企合作，让学生有机会深入了解企业运作，提升职业素养。

最后，学校要建构一支专业性强、教学经验丰富的职业规划教师团队，并持续开展专业培训，提升教师的教学能力和服务水平。建立科学的评估体系，定期对课程教学质量进行评估，及时收集学生、教师及企业的反馈意见，不断优化课程内容和教学方法。同时，学校要关注学生的个体差异，提供个性化的职业规划指导和服务，帮助学生明确职业方向，实现个人价值。

【拓展延伸】

"生涯金三角"模型

美国伊利诺伊大学教授斯旺博士提出了"生涯金三角"模型，他认为在做生涯规划时，需考虑自我认知、专业与职业探索、环境三个方面。自我认识部分包括个人兴趣、职业倾向和价值观等。例如,我喜欢美术还是喜欢数学,喜欢与人交往还是喜欢独处。专业与职业探索部分包括对各种生涯选项的了解以及大量的信息资料的收集。例如,大学相关专业学什么,就业方向有哪些等。环境部分包括家庭、学校的重要他人的影响,以及工作、社会的未来发展趋势等。

第四节　畅游生命旅程

生命是一趟无法重来的旅程,每一个瞬间都值得我们用心去体验和珍惜。在这趟奇妙的旅途中,我们会遇到无数的风景,有阳光灿烂的日子,也有风雨交加的时刻,正是这些多彩的经历,构成了我们生命中最宝贵的回忆。生命如同一幅画卷,需要我们用各种颜色去描绘,每一个选择,每一次努力,都是为我们的生命增添色彩的过程。我们要勇敢地追求自己的闪光点,不断挑战自我,超越自我。只有这样,我们才能在生命的旅途中,绽放出最耀眼的火花。

一、珍视生命的唯一

生命对于每个人来说只有一次,每个人的生命旅程都是独一无二的。当我们遇到困难时,要学会珍惜生命,主动沟通,寻求帮助,努力提升生命的价值。

【情境案例】

欣欣老师:

您好!

最近,我突然发现一个问题,我不是为自己而活,而是为了

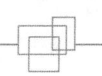

我的家人,特别是我的妈妈。这让我对生命的意义产生了怀疑与困惑。从小到大,我都是家人的"乖宝宝""小可爱"。懵懂时,我按照家人的意愿报了英语班;刚上小学,在妈妈的要求下我开始学习钢琴;四年级时,我又在爸爸的主张下参加了思维训练班;五年级时,我向妈妈提出我想学习吉他,而被妈妈无情地拒绝。我突然意识到,长这么大,原来我就是妈妈手里提着的一个"玩偶",她动一下,我就按部就班地动一下。他们无法理解我为什么不喜欢英语,不喜欢下围棋,不喜欢思维训练班……我真正喜欢的音乐和舞蹈却永远得不到他们的支持。我觉得人生突然变得很没意思,生气的时候,我真的想一死了之,让他们悲伤痛苦一辈子……

亲爱的欣欣老师,我该怎么办?

【案例分析】

通过案例我们认识了一位被父母的意志所绑架,从而失去生活乐趣,甚至生命意义的可怜女孩。从她的信中,我们发现家长过高的期待以及自我的低认知深深影响了孩子的身心发展。诚然,家长对孩子的高期望通常是出于对他们的爱,他们希望孩子能够获得成功,拥有幸福的生活。然而,这些期望如果过高或过低,可能会对孩子造成不良的影响。

1. 高期待带来高压力

家长的高期待、高要求可能会让孩子感到压力倍增。孩子们可能很难体验到自己的能力和价值,从而感到焦虑和不安。长期处于这种状态下,孩子的身心健康会受到严重影响。

2. 高期待造成低认知

家长的高期待、高要求可能会让孩子感到自己总是做得不够好,他们的自信心会受到打击,开始怀疑自己的能力和价值,

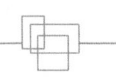

这会进一步影响他们的心理健康和自我认知，并可能导致孩子在成长过程中忽视自己的兴趣和爱好，只关注他人的需求。

3. 高期待生发逆反心理

家长的高期待、高要求可能会让孩子产生逆反心理。他们会讨厌家长为他们布置的一切任务，对家长的要求和期待产生抵触情绪。这种情况可能会导致孩子的学习成绩下降，同时也影响亲子关系。

4. 高期待影响个性发展

家长的高期待、高要求可能会影响孩子的个性发展。孩子可能会为了迎合家长的要求而放弃自己的兴趣和爱好，这种做法会影响他们的个性发展和创造力。同时，长期受到家长的过度干涉，孩子的自主能力和独立思考能力也可能会受到影响。

【对策建议】

春日里，百花芳香，鸟儿欢唱，是生命的欣欣向荣；夏日里，树影婆娑，虫鸣鸟叫，是生命的生机盎然；秋日里，层林尽染，瓜果飘香，是生命的成熟怒放；冬日里，粉妆玉砌，蜡梅含香，是生命的蓄势待发。每一个生命都有不同的历程与价值，但有一点是相同的，那就是无论对于谁来说，生命都只有一次。

1. 及时回复，加强链接

父母爱孩子是毋庸置疑的，父母也不可能是十全十美的，他们也会有缺点。我们在父母面前更应该开诚布公，勇敢地说出自己内心的真实感受，也要坦诚地表达自己对于父母的理解与期待，希望父母能够理解你的感受与想法。我们需要清醒地认识到，这个世界上没有完美的人，要能够接受自己的不完美，学会适时、适度地调整自己的奋斗目标和人生方向。尽可能参加社交活动或社会公益活动，让自己认识世界的更多层面。我们

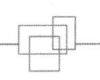

完全可以按照自己的意愿培养一项或多项业余爱好,兴趣爱好可以让自己的生命更丰富、更精彩。当我们感到迷茫、困惑甚至痛苦时,可以和自己比较信任的人进行沟通、交流或求助学校的心理老师,拨打当地的心理危机干预热线。

生命的价值在于自我体验成长的过程,不应该把生命的意义局限于某个他人、某个阶段、某个结果。生命的价值就在于追逐它的不确定性,让生命具有无限可能性。

2. 家校沟通,改善关系

教师与学生架起相互信任的沟通桥梁之后,仍需要关注其家庭关系的改善。教师要用合适的方式与父母取得联系,引起父母对学生身心状况的重视和反思,同时为家长提供专业的指导。

【拓展延伸】

热爱生命

人类和其他动物一样是一个生命体。每个生命都会经历由生到死的过程。虽然每个生命在本质上都是平等的,我们在天地之间,极其渺小,泛如尘埃,但是不要妄自菲薄,轻视自己,更不要盲目自大,我们都是一样的生命个体。珍惜生命,享受生命成长的全过程,是人对生命过程的认知和觉醒。

我们要做一个热爱生活的人,学会热爱生命。生命既是一个奇迹,也是一切琐碎的复合体,有快乐和忧愁,有欣喜和失落。面对挫折与伤痛,有人轻率放弃,徒留生者哀痛叹息;有人勇敢承担,热爱珍惜生命,虽时光有限,却知足乐天。人生活在社会上,从来都不是孤立的,而是置身于和他人共生的群体之中。作为社会的一分子,在我们力所能及的情况下,用我们的热情,积极回馈社会并努力建设美好社会,这样我们的社会才会越来越好。所以说,热爱社会也是热爱生命,热爱自己。

二、热爱生命的多元

生命本应多彩,每个生命都应该发挥自己的特长,发展自己的爱好,并通过自己的不断努力,绽放生命的绚烂色彩。

【情境案例】

初三年级晓勤同学的妈妈找到班主任说了周末发生的一件事。晓勤乘妈妈买菜的间隙,关上房门写好遗书,喝了自己在网上购买的农药。所幸妈妈提前回家才没有酿成悲剧。据晓勤的妈妈描述,晓勤是个朴实勤奋的女孩,但妈妈无意中从她的日记里发现了她有轻生的念头。她在日记中写到,必须考到当地最好高中的重点班,然而最近几次模考她都考得不理想,她觉得自己似乎没有了希望,阴霾压得她喘不过气,于是就……

【案例分析】

1. 青春期身心易波动

青春期是青少年心理发展非常复杂,充满矛盾的特殊时期。此时的孩子身心发展不平衡,处于成熟与半成熟之间,由此会带来心理和行为上特殊的变化。这一时期,孩子会出现很强的自我意识、过度关注外表、情绪波动过大、自我评价低、学习态度两极化(过分自信或缺乏自信)等状态。这些状态的出现与青春期孩子的生理发育相关,身体上的变化导致心理状态随之变化。

2. 非理性信念支配

美国心理学家泰德·韦斯勒针对诸多非理性信念,归纳出

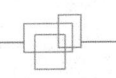

三个特征:首先,绝对化要求指人们以自己的意愿为出发点,对某一事物抱有认为其必定会发生或不会发生的信念。比如,"必须考到当地最好的高中的重点班"。其次,过分概括化是一种以偏概全、以一概十的不合理思维方式的表现。过分概括化一方面是人们对其自身的不合理的评价;另一方面是对他人的不合理评价。比如,"我考试成绩不好"就意味着"我什么也不是"。最后,糟糕至极是一种认为一旦不好的事发生了,就将是非常可怕、糟糕的。比如,产生"模考成绩不好,就活不下去了"这样极端的想法。

3. 缺乏良性亲子沟通

进入青春期后,青少年的抽象思维开始占主导地位,独立性和批判性思维开始显现。他们开始用怀疑、审视的眼光看待周围的世界,开始思考社会现象、人生意义等问题,常常不满足于常规答案。随着青少年独立意识的增强,他们会挑战家长的权威,不再表现出对家长一味地顺从,反而会用自己的标准对家长的形象和地位进行重新的评估和设定。然而,他们的这种独立需求和自我意识往往受到知识和社会阅历的限制,其思维具有片面性,容易偏激,加之青少年情绪不够稳定,常常会因为小事与家长发生矛盾。此外,青春期学生的内心世界变得更加丰富,心理开始变得敏感,有很多话宁愿告诉朋友也不愿意讲给家长,逐渐表现出与家长沟通的困难。如果家长仍然用儿童期亲子关系的模式对待青春期的孩子,那么这种不合适的亲子沟通方式极易造成亲子冲突。

【对策建议】

中学生处在身体、心理飞速发展的时期,情绪不稳定,如果再面临巨大的学业压力,就容易做出一些不理智的事情。我们需要运用学生周围的积极资源,帮助其走出暂时的困境。

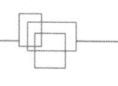

1. 让父母成为青少年的知己

父母尝试通过更有效的方式去打开孩子的心扉，了解其心里的想法，改变和青春期孩子的相处方式，学会陪伴并帮助孩子。父母要听取孩子的意见和想法并给予其尊重和信任，建立有效沟通渠道，提供支持和理解，避免单纯的批评和指责。

2. 指导学生进行职业生涯规划

父母和老师要帮助孩子扩展视野，学会用发展的眼光看待自己，用充满希望的心态去对待自己的生命，在未来生活的规划方面作出多样化选择。

班主任利用主题班会引导学生做初步的职业生涯规划，用图形帮助学生设计不同的未来，可以设计三种以上的不同类型供自己选择。教师引导学生进行反思与交流，例如，如果有不同的职业选择，自己可以有怎样的发展前景？设想自己未来的角色会有哪些？自己在不同的角色中会有怎样的生活？帮助学生看到自己的优势、方向与理想。通过职业规划，让学生看到不同的职业选择会有不同的发展道路。通过对于未来的角色设置，让学生发现未来的自己会有很多种角色，进而理解生命的丰富多彩。

3. 职业体验

班主任可以组织学生走进社区、街头、工厂、企业、政府机构等地方，去体验社会中各种职业的酸甜苦辣，这样能够帮助学生发现并确认自己的兴趣及理想职业，让学生在丰富多样的职业体验中，在与不同职业人群的交流中，去感受社会的进步，体会未来社会对于他们的期待，感悟自己的责任与存在价值，同时确立自己的人生目标及发展方向。

【拓展延伸】

画出你的生命线

首先,在纸的中部从左至右画一条长长的横线,并给这条横线加上一个箭头,在线的左侧写上"0"这个数字,在箭头旁边写上你为自己预设的寿命,最后在这条线的最上方写上"×××的生命线"的字样。

请按照你为自己规定的生命长度,找到你目前所在的位置。比如,你现在二十五岁,如果你规划的是一百岁,那么你就应该在线段的四分之一处标记。标记的左边代表你逝去的岁月,请把对你有重大影响的事件标记出来,那些你觉得快乐的事就用鲜艳的笔标记,并写在生命线的上方,让你觉得伤心的事用暗色的笔记录,写在生命线的下方。

我们未曾经历过的就是你对未来的规划,有任何的想法都可以把它写出来。当你全部完成这张图后,就能清晰地看见自己的人生蓝图。

三、描绘生命的多彩

生命并不完美,人生也并非一路坦途,但是每一个生命都有其闪光点。我们需要把个人的兴趣、能力和时代的需要结合起来,寻找最适合自己的方向和目标,只要努力为之奋斗,就一定能绽放生命的火花,实现生命的价值。

【情境案例】

性格开朗、乐于助人的高一学生小李最近经常闷闷不乐,同学与他交流,他也爱搭不理。班主任经了解后得知,小李特别喜

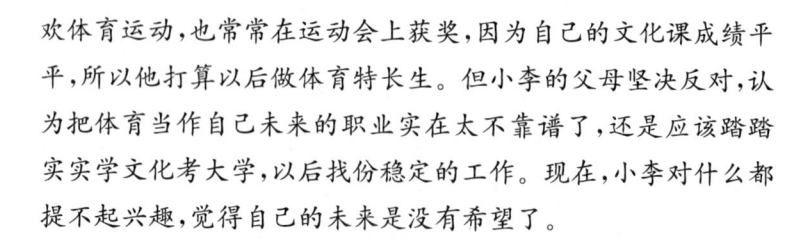

欢体育运动，也常常在运动会上获奖，因为自己的文化课成绩平平，所以他打算以后做体育特长生。但小李的父母坚决反对，认为把体育当作自己未来的职业实在太不靠谱了，还是应该踏踏实实学文化考大学，以后找份稳定的工作。现在，小李对什么都提不起兴趣，觉得自己的未来是没有希望了。

【案例分析】

美国心理学家埃里克森认为，自我同一性的确立即是对自身有充分的了解，能够将自己的过去、现在和将来整合成一个有机的整体，确立自己的理想与价值观，并对自己的未来做出自己的思考。进入青春期后，学生的自我意识大大增强，"我是谁""我想成为什么样的人"等问题经常引起他们的思考。他们通过自我的觉知——"主观的我"和别人的评价——"客观的我"进行核对这一过程来完成自我同一性的建立。如果"主观的我"与"客观的我"不一致，就有可能引起同一性扩散或消极同一性发展。具体来说，学生可能在行为与情绪层面表现为无法做出选择、逃避思考问题、自我评价低、对学习缺乏热情、失去自尊自信，或者缺乏兴趣、感到孤独，对未来不抱希望，又或是叛逆，宁可塞着耳机听音乐或睡觉也不愿意接触父母和老师。案例中的小李同学之所以出现闷闷不乐、兴趣索然、梦想缺失的情况，正是他的自我认知与家长的反馈相背，自我同一性发展受阻所致。

1. 低价值感，优势特长被否定

高中之前的小李同学性格开朗、乐于助人。他在自己特别喜欢的体育项目上获奖，得到了别人的肯定，建立了足够的心理自信，自尊心也得到了满足，有很高的价值获得感。然而，进入高中后其升学和职业规划提上日程，他想发展体育运动专长却得不到父母的支持，而且父母认为体育运动作为未来的职业很

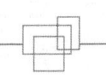

不靠谱。这一反对的理由否定了他的特长和一直以来的努力与自信,抹杀了他的优势存在的价值感。他的问题就在于自我主观认知与来自父母的客观评价之间发生冲突,导致他的自我同一性发生错位。

2. 高束缚感,生活轨道被安排

从个性发展的需求上来说,独立性是青少年青春期发展的任务之一。正处于青春期的小李同学和所有的同龄人一样,想要通过挣脱家长的束缚,对抗权威意见,学习独立解决问题的方法等,提升自己的独立性。但针对我们的教育理念、教育模式来看,孩子的生活都是被父母安排好的,他们极少有独立解决问题的机会。小李同学虽然有自我生涯规划的意识,对自己的未来有设想,但是在遭到父母的反对时,也只能采取逃避的方式。

3. 无希望感,未来期待被剥夺

小李同学被父母要求放弃自己的特长,去选择自己表现平平的文化课。父母的想法是可以理解的,在他们看来,稳定的工作是生活的保障。可这看似是为了孩子的未来,实则是给孩子的满腔热情浇上了一盆冷水,让他对自己的未来失去美好的期待。

【对策建议】

帮助青少年完成他们的心理发展任务,获得自我同一性,这是作为教师与父母的重要任务。我们在合适的时机满足孩子的需求,用接纳、欣赏、肯定的方式正向反馈孩子的喜好,就有可能点燃孩子"生命的火种",让他们对未来充满期待。

1. 开展教育活动,感受多元价值

我们正在用比较单一的价值标准培养孩子。例如,学生时代必须好好学习;成绩好才是好孩子;大学要努力考编、考研、考公务员;找个好单位、大公司,工作越稳定、工资越高越好。这些

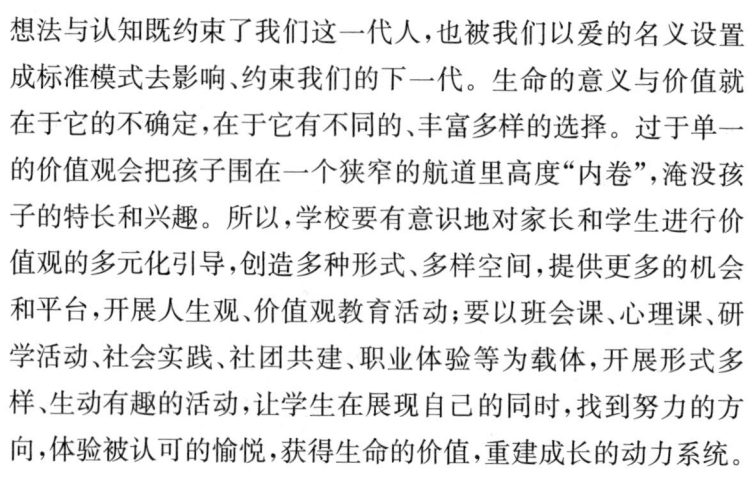

想法与认知既约束了我们这一代人,也被我们以爱的名义设置成标准模式去影响、约束我们的下一代。生命的意义与价值就在于它的不确定,在于它有不同的、丰富多样的选择。过于单一的价值观会把孩子围在一个狭窄的航道里高度"内卷",淹没孩子的特长和兴趣。所以,学校要有意识地对家长和学生进行价值观的多元化引导,创造多种形式、多样空间,提供更多的机会和平台,开展人生观、价值观教育活动;要以班会课、心理课、研学活动、社会实践、社团共建、职业体验等为载体,开展形式多样、生动有趣的活动,让学生在展现自己的同时,找到努力的方向,体验被认可的愉悦,获得生命的价值,重建成长的动力系统。

2. 创设体验机会,感受生命美好

奥地利心理学家弗兰克尔认为,人类天生具备一种寻找生命意义的内在动力。也就是说,人们并不是缺乏对于生命意义的感知,而是不知道如何从生活中发现生命的美好与珍贵,进而积极地赋予生命以价值感。学校可以通过邀请各行各业的名人与学生面对面交流,使学生感受生命的意义。例如,杰出工匠、模范人物、作家、企业家、警察、艺术家等。他们走进校园,讲述自己的生命成长经历,对于职业的热爱与坚守,以及他们所体验到的生命价值,这会给孩子带来更多的关于生命长度、宽度、高度的认知。

教师还可以带领学生走近社区、企业去体验各种职业。这种真实而直接的角色体验,会让学生体悟到生命的美好,感受到职业的价值。教师还要引导家长创设温暖的家庭环境,在友爱的家庭中,孩子更易于感受到被支持、被理解,也就能建构起自己的生命价值感。被爱环绕的孩子会内心富足,他们会爱自己,欣赏自己,接纳自己。智慧的家长不会扼杀孩子的兴趣,会鼓励他们保持好奇心和探索欲,陪伴他们参与各种活动,给予他们更

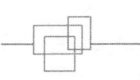

多的学习和展示的机会,甚至是受挫机会,然后帮助、支持他们健康地生长。

3. 规划未来,让成长充满希望

案例中的小李同学,其实是一个很值得赞赏的孩子,他不仅个性好,还有自己的特长和优势,体育运动匹配了小李的兴趣,能让他在其中获得自我认同,提升自我价值。班主任在发现小李同学的异常后应该及时介入,帮助他的家长看到尊重孩子想法的重要性,对家长做一些生涯规划的指导,打消家长的顾虑,在保有学生的特长的前提下,对未来进行更有利于孩子自我价值实现的设计和规划。事实上,孩子的爱好与特长在家庭中不被尊重和支持的情况普遍存在。家长要有意识地看到并肯定孩子的努力和成绩,坚持多表扬、少批评、不苛责的原则,让孩子成为被接纳、被认可的对象,让他们相信自己有价值、有力量、有能力向着正确的方向前进。

【拓展延伸】

寻找生命的火花

美国积极心理学家塞里格曼认为,幸福的人生包含五个维度:积极情绪、投入、人际关系、意义和成就。他认为这是生命火花的来源。

所以,我们要引导学生试着从这五个维度去思考,在自己的生活中打开视野并积极寻找生命的火花,尝试书写一份想要去体验的事项清单。例如,静静地欣赏傍晚的夕阳,体验专注此刻的惬意;爬一次山,体验自我挑战的乐趣;参加志愿服务工作,体验帮助他人的快乐……并在事项后面画上不同数量的星星,表示自己的行动意愿的强度。

第五节　尊重生命的存在

每个生命都是独一无二的,这种独特性使得每个生命都无比珍贵,值得我们用尽全力去呵护和珍惜。生命只有一次,每个人都要对自己的生命负责,努力活出属于自己的精彩。同时,我们也要尊重他人的生命,不伤害、不剥夺他人的生存权利。

一、勇敢说"不"防侵害

近年来,未成年人性侵害的案件数量呈上升趋势,而且低龄化特征明显,熟人作案占比高。性侵未成年人的案件类型多样,包括强奸、猥亵等,且存在利用网络聊天工具进行线上"隔空猥亵"或线下强奸的新型犯罪方式。未成年人遭遇性侵害是一个复杂而严峻的社会问题,需要从多个方面加强保护措施,包括加强法律打击力度,提高公众对性侵害的认知,加强家庭教育和社会教育以及改善网络环境等,从而有效保护未成年人的安全和健康。

【情境案例】

小影最近上课总是走神,经过班主任多次询问,真相让人震惊。小影的父母由于工作繁忙,经常把孩子送到一个男老师家里补课,男老师趁其妻子不在家,以给零花钱和送手机为诱饵对小影实施多次猥亵,并让小影不要告诉妈妈。正值青春期的小影感到心理的压力与日俱增,想告诉妈妈,却多次被男老师威胁。

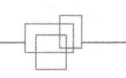

【案例分析】

保护未成年人的健康成长，是我们义不容辞的责任。事实上，有许多的未成年人被猥亵后不敢告诉别人，从而导致其受到更多的伤害，这其中的原因多面且复杂。

1. 被威胁，产生恐惧感

施害者通过言语或行为威胁受害者，比如，告诉受害者如果说出来就会遭到更严重的伤害，会被家人责骂或不会被别人相信等。这种威胁让身心受创的受害者更感到无助和恐惧，从而选择沉默。

2. 担心被嘲笑，抱有羞耻感

被猥亵的经历往往伴随着强烈的羞耻感，受害者可能觉得这是自己的错，或者认为这样的经历是人生污点，不愿意向他人提及，也可能担心被别人嘲笑、排斥或被视为"不纯洁"。

3. 家庭无支持，增加无力感

许多未成年人担心如果把不好的事情告诉家人，会破坏家庭和谐，让父母伤心或失望。很多父母平时工作较忙，无暇顾及孩子的变化，在孩子出现问题的第一时间，他们没能够提供有力的支持，使得悲剧愈演愈烈，造成的伤害也越来越大。

4. 不懂法，求助无路径

受害者可能对于法律程序和报案流程缺乏了解，不懂得用法律的手段保护自己，也不知道该如何寻求帮助，或者担心报案后无法面对烦琐的法律程序和可能的公开审判，因此望而却步。在日常生活与学习中，学校和父母缺乏对学生有关预防性侵害方面的教育，导致学生在面对诱惑时无法正确判断，从而落入施害者的陷阱。

5. 观念陈旧，不被关注

在我们的某些社会语境中，性侵犯和猥亵行为可能被视为敏感话题,甚至会被忽视或淡化。这种社会观念可能导致受害者认为自己的经历不重要或不值得被关注,从而选择保持沉默。

6. 缺信任,缺机制

如果未成年人在过去有过被别人忽视、误解或背叛的经历,他们可能会难以建立起对他人的信任关系,在遭受侵害后,发现没有可以帮助自己的人。案例中的小影平时与父母沟通较少,父母对其关心不够,因此导致信任缺失,使她更倾向于独自承受痛苦。同时,社会也缺少相应的预防与处理机制,对于未成年人遭受性侵问题,缺乏系统的心理援助、社会支持与保护等机制,使得此类问题大都处于持续隐蔽的状态。

【对策建议】

预防未成年人性侵害是一个涉及家庭、学校、社会多方面的复杂问题,需要家庭、学校、社会共同应对,同时加强对未成年人的社会监管和法律保护。

1. 家庭性教育是预防性侵害的基础

家庭性教育对于儿童的健康成长具有重要作用,发达国家已经形成一套系统的儿童性教育体系。比如,美国的性教育被称为"家庭生活教育"。[①] 家庭性教育作为整个教育链的组成部分,其重要性不言而喻。因此,家庭性教育应在家庭生活中占据重要地位。家庭性教育主要由父母发起,针对孩子的生理和心理发展特点,旨在培养孩子对性的正确认识和处理性问题的能力。首先,应该加强基础的性知识教育,帮助孩子认识自己的身体,特别是隐私部位,并教育他们保护这些部位不受侵犯。父母可以讲解性侵的概念、危害和防范方法,让孩子了解哪些行为是

---

① 吴少兰.小学性教育课程的开发与实施[J].新教育科研,2022,03(31)

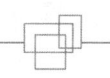

不安全的。鼓励孩子对任何不恰当的接触或行为说"不",并教会他们如何拒绝和寻求帮助。其次,提高孩子的警惕意识,比如教育孩子不要随便与陌生人交流,不接受陌生人的礼物,更不要跟陌生人外出。自己外出前一定要告诉父母或其他亲人,最好结伴而行,避免去偏僻、陌生的地方,不要随便告诉陌生人联系方式、家庭地址和家庭成员等信息。最后,父母要加强监护,无论多忙,都要细心观察孩子的异常反应,经常与孩子沟通,了解他们的想法和感受,及时发现并解决问题。父母更要培养孩子的自我保护能力,教育孩子学会自我保护的技巧,如遇到危险时如何呼救、如何逃脱等。还可以鼓励孩子多参加集体活动和社会实践,提高他们的社交能力和应变能力。

2. 学校性教育是预防性侵害的途径

学生是一个不断发展的生命体,他们的生理与心理不断发生变化,人生观、价值观、世界观也处于不断发展的过程中,这一时期接受科学的性知识有益于他们的健康成长。有关研究表明,学生的性发育年龄已提前到小学阶段。也就是说,中小学生应接受适宜的性教育内容,了解并适应自身的生理变化,进而调整自己的心理状态,以便更好地学习和生活。一方面,班主任可以通过主题班会等开展性教育课程,注重开展多种形式的性教育教学活动,除了传统的讲授法之外,利用多媒体等载体的直观教学模式必不可少,这样可以让学生有更为切身的体验。[①] 学校可适当结合校本教材,将性教育纳入学校校本课程体系,通过正规渠道向学生传授性知识等。同时,应加强校园安全管理,建立健全校园安全管理制度,加强对校园内外环境的监控和巡逻,加强对教职工的师德师风教育,防止利用职务之便而进行的违

---

① 王闻笛.中美小学性教育比较研究[J].才智创新教育,2018,05(13)

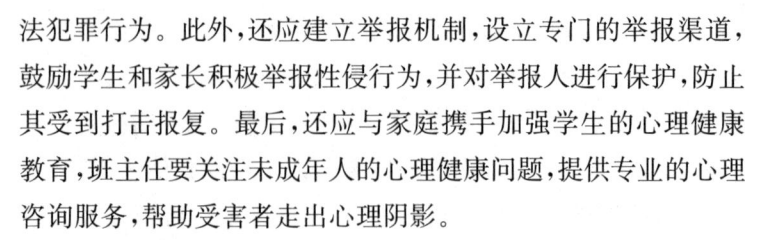

法犯罪行为。此外,还应建立举报机制,设立专门的举报渠道,鼓励学生和家长积极举报性侵行为,并对举报人进行保护,防止其受到打击报复。最后,还应与家庭携手加强学生的心理健康教育,班主任要关注未成年人的心理健康问题,提供专业的心理咨询服务,帮助受害者走出心理阴影。

3. 社会管理是预防性侵害的重要手段

社会各界首先应当承担对学生进行性教育的责任,通过开展各种形式的性教育科普活动,提高公众对性教育的重视程度。例如,加强法律宣传,加大对《未成年人保护法》等相关法律法规的宣传力度,提高全社会对未成年人的保护意识;普及性侵行为的法律后果和法律责任,让潜在的犯罪分子望而却步。其次,要完善法律制度,完善性侵案件的立案、侦查、起诉和审判程序,确保案件能够得到公正处理;加强对性侵犯罪分子的惩罚力度,形成有效的震慑作用。此外,还要加强社会监督,鼓励社会各界关注未成年人的保护工作,积极参与监督和举报。媒体也应发挥舆论引导和监督作用,加强对性侵案件的报道和评论,提高公众关注度。

【拓展延伸】

1. 如何预防性侵害

第一,隐私部位不能碰;第二,出门要征得家长的同意,结伴而行不落单;第三,不随便接受陌生人的物品;第四,不良信息不去看;第五,不与他人光着身子视频聊天;第六,不随便搭乘陌生人的车;第七,睡觉关好门窗。

2. 遭遇性侵害时怎么办

第一,"说不",可以大喊:"住手!我不喜欢你这样做!"第二,"会跑",及时跑向人多的地方,向周围的人求助或及时拨打

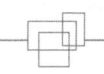

110报警求助。第三,"会骗",可以编理由欺骗侵害者,想办法逃跑。第四,"会记",记住侵害者的体貌特征。

3. 如何应对性侵害

第一,收集证据,及时报警。因为指证罪犯需要有证据作为支持,所以要收集保留相关的证据。可以采取拍照、录音等方式并对于体液、毛发、皮屑、通信记录等证据进行保留并及时报警。第二,进行身体检查及治疗。家长不要立刻帮助孩子洗澡或是清洗衣服,要带着孩子去医院接受检查(如在警察的陪同下更好)。第三,勇于求助,配合调查。发生性侵后,一定要向信任的成年人求助。做笔录时要如实陈述,不隐瞒、不夸大、不做虚假陈述。第四,求助专业人士,进行心理辅导。家长需时刻观察孩子的情绪变化,进行心理安慰及辅导。有必要时向心理专家、社会工作者等专业人士求助。

二、这些"时尚"碰不得

青少年的成长环境日益复杂多变,各种新兴事物层出不穷,其中不乏一些对青少年身心健康存在潜在威胁的事物,这些有害事物往往以"时尚"冠名,具有较强的诱惑力。面对这些诱惑,有些青少年学生毫无招架之力,竞相追逐,着迷上瘾,致使身心健康受到严重影响。

【情境案例】

小学五年级的小明经常在放学后不按时回家,在学校附近与同学玩"拍烟卡"游戏。为了制作更多的"烟卡",小明经常翻垃圾桶,捡香烟盒子,看到爷爷抽烟,总是催他"再来一根"。为了提升自己的"烟卡"的等级,小明花光了自己的零花钱与同学

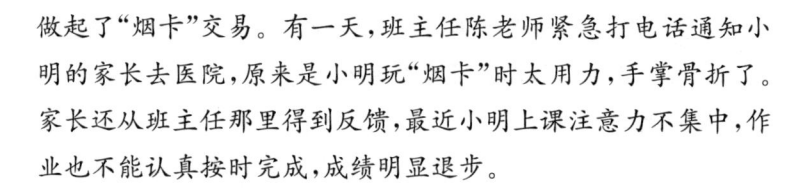

做起了"烟卡"交易。有一天,班主任陈老师紧急打电话通知小明的家长去医院,原来是小明玩"烟卡"时太用力,手掌骨折了。家长还从班主任那里得到反馈,最近小明上课注意力不集中,作业也不能认真按时完成,成绩明显退步。

【案例分析】

  小明同学被最近火爆校园的时尚游戏"拍烟卡"所累。其实"拍烟卡"是"70后、80后"都玩过的一种游戏,只不过以前玩的是小卡片,而学生现在玩的是用烟盒制作成的"烟卡"。因为价格越高的香烟的盒子制成"烟卡"的等级就越高,所以同学们都以收集到"高级烟卡"为荣,导致有些孩子形成攀比等不良心理。此外,玩"烟卡"还可能发展成变相赌博。比如,学生之间已经开始用"烟卡"作交易,普通的"烟卡"五毛钱一张,稀有的"烟卡"则卖至几十元甚至上百元。为什么"旧事物"变成了"新时尚",而且让青少年学生深陷其中而无法自拔呢!

  1. 好奇心驱使

  青少年天然的对新鲜事物充满好奇,"烟卡、三国杀、二次元"作为一种新的、特殊的"时尚",激发了他们的好奇心。

  2. 社会交往需求

  孩子们的交际圈中,"烟卡"等"时尚事物"成为一种流行的社交物品。拥有稀有或特殊的"烟卡"可以让孩子在同伴中获得认可和尊重,从而满足他们的交往需求。此外,孩子们还可以通过交换"烟卡"等方式加强彼此之间的联系和友谊。

  3. 攀比心理作祟

  孩子们之间可能存在攀比心理,他们想要拥有更多的、更稀有的"烟卡"以展示自己的"成就"。这种攀比心理会驱使他们不断收集"烟卡",甚至不惜花费大量时间和金钱。

4. 寻求刺激冒险

学生通过各种途径收集"烟卡",如购买香烟、向成人索要烟盒、翻垃圾桶等,这些行为虽然带有一定的风险,但对于一些孩子来说,体验过程中的好玩和刺激反而让他们着迷。

5. 自控能力不足

学生受限于自身的知识水平和辨别事物的能力,普遍对于所谓的"时尚事物"辨别能力不足,而且一旦沾染,因自控能力差,很容易上瘾。另外,社会环境中的不良示范,家庭的疏忽或教育方式的不当,以及学校在心理健康教育和法制教育等方面的不足,都可能造成学生盲目追求所谓的"时尚",从而影响身心健康。

【对策建议】

1. 发挥家庭教育的沟通与交流作用

家长要积极参与孩子的教育,关注孩子的行为和心理变化,经常与孩子进行开放而坦诚的对话,了解他们的情况,倾听他们的想法和感受,明确地告知孩子痴迷"烟卡"游戏等活动的危害。同时,家长也应以身示范,通过自身的行为来影响孩子。

2. 发挥学校教育的约束与指导作用

学校应该通过开展健康教育主题班会等形式,向学生普及有关吸烟、吸毒、赌博等行为的危害性。通过举办专题讲座、展览和宣传活动,增强学生的自我保护意识。开展心理健康教育,帮助学生学会应对压力和负面情绪。同时,学校应当加强校园管理和监督,及时发现并制止学生的不良行为。建立学生行为档案,跟踪学生的成长过程,及时进行干预和帮助。另外,通过组织丰富多彩的课外活动,培养学生的兴趣爱好,转移他们的注意力,鼓励学生参加社会实践和公益活动,增强他们的社会责任感。

3. 发挥社会的监督与支持作用

相关部门要制定和完善相关的法律法规,禁止向未成年人销售烟酒、毒品等有害物品;加大执法力度,严厉打击涉及未成年人的违法犯罪行为。社区和社会组织应积极参与青少年的教育工作,提供必要的支持和帮助;媒体也应发挥正面引导作用,宣传健康的生活方式,抵制不良文化的传播。

【拓展延伸】

"拍烟卡"也能"上瘾"

2024年,关于"拍烟卡"游戏的新闻报道引起了网络大讨论,多地相关部门出台政策重点整治。其实类似"拍烟卡"游戏的"时尚"并不少见,例如,花钱收集奥特曼卡片,风靡小学生圈的文具和玩具盲盒,各类抽奖游戏等。有的学生为了获取心仪的物品不惜花费成百上千元,甚至走上偷窃的犯罪道路。这些"隐形的赌博玩具和游戏"看似金额不大,一次花不了多少钱。但它会不断推高孩子的欲望值,让孩子在惊喜和刺激的诱惑中逐渐"上瘾"。这种不确定性会刺激孩子大脑中的奖赏系统,很容易陷入"刺激——愉悦——愉悦强化——成瘾"的消极循环中。所以,广大教师和家长一定要及时并正确地帮助孩子规避"上瘾行为"的发生。

三、万物有灵皆需爱

2024年,某大学在研究生复试环节淘汰了一名初试成绩优秀的学生,学校给出的意见是"思想品德考核不合格",因为这名学生有虐待小动物的行为。这件事引发了公众对青少年生命教育的思考。

【情境案例】

  班上的小王比较好动,喜欢四处挥洒自己的"汗水",一开始,大家都认为他只是调皮而已。直到有一天,班里一群学生跑到办公室来报告,小王经常在放学的路上用脚使劲踢流浪狗,导致流浪狗见到他就"逃跑"。老师找小王了解情况,小王一脸不屑地说:"我是踢了,但我没踢人呀!再说那只是流浪狗,一点也不可爱!"面对这样的回答,老师很惊愕。

【案例分析】

  小王是未成年人,还处在"三观"形塑的重要时期,因此要找准原因,让他重塑自己对生命的态度。

  1. 社会发展带来的"自然缺失症"

  学生的学习压力很大,没有时间走进大自然,缺乏对大自然的感知,也就体会不到自然界与生命的关系的重要。许多学生喜欢"宅家",习惯坐在有电源插座的地方,成为"水泥森林"里的"穴居动物"。这一现象,被美国记者兼儿童权益倡导者理查德·洛夫称为"大自然缺失症"。这一"病症"会带来严重的后果,除了对青少年的身体健康带来负面影响,还会因为远离大自然,缺乏对大自然的情感体验,进而缺少对生命的敬畏。就像上述案例中,小王只看到"自我",却看不到自然界万物皆有灵魂,皆有生命和可爱之处。

  2. 生命教育缺失导致的漠视生命

  部分学校和家庭未能充分重视生命教育的重要性,导致学生缺乏正确的生命价值观或者生命价值观扭曲。一些家长片面地认为,孩子只要学习好就行,其他方面不是很重要;而有些学

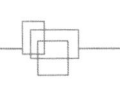

校、教师未能充分认识到生命教育的重要性,缺乏生命教育的意识,不能制止一些细微的、不正确的漠视生命的行为,导致类似虐待小动物的事情不断出现。

3. 错误生命观带来的行为失衡

一些学生对动物施虐的行为,虽然看起来是一种内心的宣泄,但其实这种对生命的漠视和不尊重,不仅关乎一个人的道德,也指向其病态的心理。有些学生在成长的过程中遇到很多压力和不顺心的地方,甚至他们的童年也遭遇过类似被虐待、被伤害的经历,心里的痛苦长期积压,无法释放,也就逐渐使他们从受虐者转化为施虐者,施虐也就成了他们宣泄、纾解情绪的方式。

【对策建议】

生命教育的目的是让青少年不仅要关心自己、关心人类,还要关爱世间万物,平等对待每一个生灵。

1. 生命教育渗入课堂教学

教师要守住课堂"主阵地"进行生命教育,可以利用思政课堂渗透生命教育。思政课作为学校课程中道德教育的核心课程,是进行生命教育的最好方式。思政教材中有很多关于生命教育的内容,也有注重人与自然和谐相处的传统思想。教师要充分用好教材内容,引导学生感受人类尊重自然、顺应自然、万物平等的生态思想,从而深入汲取精神食粮,丰富内心世界。教师有责任与义务将生命教育注入课堂教学,使学生在学习的过程中感知自然、了解自然、亲近生命、关爱生命,逐渐养成他们对于自然和生命的尊重与珍爱习惯。

2. 开展校园体验活动

学校作为学生主要的学习、生活场所,应当组织开展丰富多

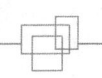

样的活动,让孩子在活动体验中得到情感滋养、行为的引导与训练。教师可以开展相关主题的读书活动,推荐相关书籍、绘本。师生通过阅读、交流感受,一起体会世间万物彼此相连共生的重要性,让万物有灵的理念在校园中生根发芽。教师还可以围绕物种的丰富性等主题,组织开展各种探究式、项目式学习活动以及动物的领养活动等,让学生亲近与了解自然界生命的多样,体会生命的美好与价值。学校要在校园、教室进行与生命教育主题吻合的环境布置,营造润物无声的文化环境,培养学生保护生命和生态环境的理念。

3. 组织社会实践

学校应当联合社会力量,充分利用当地丰富的生态文明教育基地等资源,因地制宜地开展生命教育,引导学生热爱自然、尊重生命。教师可以带领学生参观当地的公园、湿地等,体验鸟语花香、和谐舒适的自然风光,于一草一木等众多生命景观中体会自然和生命的美好。家长还可以定期组织亲子活动,带领学生去动物园开展研学,仔细观察小动物的生活习性,记录它们的成长过程,撰写观察日记,"陪伴"小动物成长,感受生命之可贵。另外,还可以让学生参加公益环保活动、培养学生保护自然环境的习惯。

【拓展延伸】

学校如何进行热爱大自然教育

1. 设计热爱大自然教育的校园空间

一所好学校应该是一个"有趣"的地方。校园环境的布置,哪怕是一棵草、一棵树,也可以别有一番天地。可以积极设计劳动教育基地、农场、果园、动物园等,这样"有趣"的地方让学生有接触自然、珍爱生命的机会,也可以见证生命成长的过程。

2. 实施热爱大自然教育的学科渗透

热爱大自然教育要以跨学科的形式展开。比如,语文学科中就有大量的课文讲到自然万物;在劳动教育中可以结合二十四节气进行春种、夏耘、秋摘等活动。大自然本身就是一本奇妙的书,让学生在不同学科中去领略大自然的奥秘。

3. 重视热爱大自然教育的家庭参与度

家长要从孩子的身心健康和人格完善的高度认识热爱大自然教育的意蕴,多创造机会让孩子到室外、野外活动,走向大自然,走进森林田野,让他们的双脚、双手触摸大地,在亲近自然和欣赏自然中,形成尊重自然万物、遵循自然规律的科学理念。

4. 关注热爱大自然教育的校外拓展

学校可以挖掘自身的教育资源,积极开展乡村研学、徒步行走研学、实验基地研学等活动,让热爱大自然教育更加科学,更加有体系。

后　记

　　学校的生命健康教育，是要指导学生掌握必要的知识和技能；帮助他们在生活中能够自我服务、自我管理、自我教育；在遇到问题时，能做出明智的选择，并采用一定的策略来解决问题。我们在学校、家庭和社会中推广生命健康教育，有助于促进学生的健康生长，创建一个更加健康和谐的社会环境。为此，我们尽其所能，通过本书的写作，尝试着把日常教学工作中遇到的有关生命健康教育的问题呈现给大家，渴望更多的同行者加入生命健康教育的群体，致力于生命健康的教育。同时，我们在本书的撰写过程中也得到了很多的帮助与支持。

　　首先，非常感谢齐学红教授。她引领着我们在班主任专业化成长的道路上边思边行。她不仅是我们班主任专业成长道路上的导师，更是我们治学道路上的灯塔。她的耐心指引，总让我们清晰地认识到，作为一名新时代的教师，作为一名新时代的班主任，应该如何散发出自己的生命之光，去照亮更多鲜活的生命。这本书的诞生，就得益于她高屋建瓴的指导。

　　我们所在的各中小学都非常重视学生的生命健康教育，各学校尝试从不同的角度切入生命健康教育。比如，结合地缘优势的劳动教育，让学生从果蔬的种植认养、陪伴养护、收获分享的劳动中，走向生命与生命彼此间滋养陪伴的心理教育，其间还伴随跨学科的研学活动，孩子们兴味盎然。再比如，我们还开设了各具特色的心理健康教育、体育、美育等课程，引导学生德、

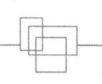

智、体、美、劳五育并举、全面发展。因此，我们的生命健康教育，呈现出内容丰富有趣、形式多样灵活、学段衔接密切的新样态。

我们在本书的写作过程中组建了一个小团队，随时进行研讨和交流。团队成员从收集整理相关案例，到组织材料进行语言文字写作，都投入了极大的热情。他们是蔡晶晶、周圆圆、王亚青、郑花、邹立凡、刘佳、张珺、陈媛、高蓉、杨帆、马志芳、徐丽娟、韦大山、王荣、汪源源（排名按章节写作顺序），对他们的辛苦付出深表感谢。我们的写作团队均是一线的班主任或德育管理者，年轻而有朝气，同时我们也很稚嫩，在写作中遇到了很多问题。好在有众多师友们的无私帮助，才使得我们的写作还算顺利，使该著作能够以较好的姿态面见读者。在此，也恳请朋友们多多批评指正。

时光荏苒，如白驹过隙。真的没想到，我们日积月累的文字也即将付梓！感谢有您，我们的师友！是你们让我们的稚嫩有了表达的通道，是你们让我们的笨拙有了呈现的机会，也是你们让我们在生命健康教育的实践中有了更好的反思与行动，有了缓慢的感悟与成长。感谢你们！

生命，如同潺潺流水，
流淌在岁月的河床里。
每一滴都承载着梦想，
每一浪都激荡着勇气。
这一段旅途，我们相遇，
分享欢笑与泪水交织的故事。
明媚了时光，温暖了呼吸，
在彼此的生命中留下平仄的印记。

钱淑云
2024 年 11 月